자연의 힘 프로젝트를 통한

유아과학활동

자연의 힘 프로젝트를 통한

유아과학활동

최석란 · 이현옥 · 손지현 · 손여민 · 정은주 · 남상지 · 김소리 지음

(주)교 문 사

머리말

'자연의 힘 프로젝트를 통한 유아과학활동'은 유아과학교육의 전반적인 내용 영역을 다룬 책이 아니라 유아과학교육의 한 주제인 '자연의 힘'을 중심으로 교실에서 유아들이 특정 자연 현상에 대해 과학적으로 접근하고 의미 있게 과학적 사실을 발견해 나가는 과정에 초점을 두었다. 또한 유아들이 과학 프로젝트를 통해 배운 과학적 사실과 원리를 전개하여 이를 적용하여 발명하는 과정을 주요 내용으로 하고 있다.

이 책의 구성은 자연의 힘을 크게 땅의 힘, 바람의 힘, 물의 힘, 태양의 힘의 네 유형으로 나누어 각 장별로 주제에 대한 탐색과정과 실험과정, 실험결과의 기록 등으로 구성하였으며 유아들이 깨닫고 배우게 된 과학적 내용을 바탕으로 발명을 하는 과정에 대한 자료를 수집 · 정리하였다. 각 장마다 특별히 유아가 경험한 발견의 과정과 발명의 과정에 대해 자세히 설명하고, 교실에서 유용하게 활용할 수 있는 교사들을 위한 교육계획안을 수록하여 과학교육에 대한 어려움을 호소하는 많은 유아교육 교사들에게 현장에서 적용하는 과정을 보여 줌으로써 과학교육의 중요성과 방법, 활용에 대한 아이디어를 제공하고자 하였다.

과학에 대한 끝없는 호기심과 관심으로 교실에서 유아들과 함께 자연의 힘에 대해 살펴본 과정을 책으로 엮었으나 세상에 보여주기엔 아직 부족함이 많다고 생각한다. 그러나 교실에서 과학교육 프로그램을 진행하는 과정에서 나타난 유아들의 독특하고 새로운 유능성과 과학적 사고를 유아과학교육에 많은 관심을 가지고 있는 부모와 교사들과 함께 나누고 싶은 마음에서 이 책을 집필하게 되었다.

이 부족한 책을 펴내기까지 많은 분들의 노력과 도움이 있었다. 무엇보다도 과학교육 프로젝트에 활발히 참여하고 다양한 아이디어를 제시하여 우리에게 유아과학에 대한 많은 배움을 준 2007년과 2008년에 서울여자대학교 부속유치원에 재원한 유아들에게 고마움을 표한다. 또한 원고를 쓰고 정리하는 데 생각보다 많은 시간이 걸려 책 출판이 지체되었음에도 좋은 책이 나올 수 있도록 도와주신 (주)교문사 류제동 사장님과 양계성 상무님께 감사의 말씀을 전한다.

2010년 1월
저자 일동

차 례

3장 물의 힘 91

4장 태양의 힘 147

교실에서의 유아과학활동

유아과학교육은 과학하는 마음, 과학적 태도 그리고 지적 호기심을 만족시키려는 탐구 활동을 통하여 이루어지며 이러한 태도와 행동은 어릴 때일수록 효과가 크다. 그러므로 유아과학교육은 어떤 교육활동보다도 유아의 발달적 특성을 고려해서 이루어지는 교육이어야 한다.

유아를 위한 과학교육은 단순히 성인이 결정한 다량의 과학적 지식이나 내용을 유아에게 가르치는 것이 아니라, 유아들이 주변세계에 대해 보다 완전한 이해를 하고 한 문제를 인식하며, 그 해결책을 개발해 나아갈 수 있는 호기심과 의문을 자극하는 것이 중요하다.

유아들에게 유아의 주변상황에 대한 탐색과 놀이를 통하여 과학교육의 기본 개념들을 자연스럽게 스스로 구성할 수 있도록 하고, 사물이나 형상, 사실, 사건, 자연현상 따위를 찾아내고 이를 새로운 방법으로 고안하는 경험은 유아들의 사고발달과 각 영역별 발달에 큰 영향을 미친다고 볼 수 있다.

엄기영(1987)은 유아의 과학활동에서 최우선적으로 강조되어야 할 것은 '과학적 사실' 을 알려주는 일이라기보다는 '발견의 과정 그 자체 또는 발견 과정으로 이끄는 태도' 의 개발이라고 말하고 있다.

발견이란 미처 찾아내지 못하였거나 아직 알려지지 아니한 사물이나 현상, 사실 따위를 찾아내는 것이다.

또한, 발명은 자신의 재능을 활용하여 세상에 없는 것을 새로운 발상과 신기술로서 일상생활에 어떤 영역이든지 편하게, 좋게, 쉽게, 간편하게, 가볍게, 쓸모 있게, 무겁게, 크게, 작게, 간단하게 등 인간생활을 이롭게 하는 창작 기술이다.

이와 같은 과학교육의 특징을 통해 유아과학교육은 과학적 지식이나 개념의 형성보다 과학적 탐구과정 속에서 스스로 의문점을 발견해보는 발견의 과정과 새로운 생각과 사물을 고안해보는 발명의 과정이 중요하다고 볼 수 있다.

지금까지 생각해내지 못했던 사고를 발견해 보고 독특하고 창의적인 발명품을 제작해 보는 경험을 통해 유아들은 잠재된 능력을 발견하고 스스로 자신의 능력을 계발할 수 있는 기회를 제공할 수 있다는 점에서 발견과 발명의 교육은 그 의미가 크다고 할 수 있을 것이다.

유아과학교육에서의 발명과 발견의 교육적 의의를 살펴보면 다음과 같다.

첫째, 창의성 증진에 효과적이다

현 국가수준의 교육과정은 창의성 교육을 기본 방향으로 설정하고 있는데, 발견과 발명을 강조한 교육은 창의성 교육의 한 방편일 뿐만 아니라 국가 경쟁력을 키우는 관점에서도 매우 중요하다. 창의적 사고능력은 개인들이 일상생활에서 당면하는 여러 가지 문제상태를 새롭고 독특하고 가치 있는 방향으로 해결해내는 인간의 고차원적인 정신능력으로 신축성과 유연성을 요구하는 일종의 독특한 사고의 형태라고 할 수 있다.

둘째, 문제해결능력 증진에 효과적이다

미래사회는 새로운 정보를 창출하는 능력이 더욱 중요해질 것이고, 예측하기 어려운 새로운 문제상황에 더욱 빈번히 직면하게 될 것이다. 또한 인생은 새로운 문제에 부딪히고 해결해 가는 과정이라고 볼 수 있다. 따라서 문제해결능력을 배양하는 데 효과적인 발견과 발명의 교육은 어린 시기부터 개발해야 할 중요한 목표이기도 하다. 발견과 발명에 관한 교육은 직면한 문제를 스스로 찾아내서 주도적으로 해결해 가는 과정을 강조하므로 문제해결능력 향상을 위한 좋은 방법이라 할 수 있다.

셋째, 학습에 대한 흥미와 학습효과를 높인다

발견과 발명의 교육은 실생활과 직접적으로 관련이 있는 소재를 다루고 있어 학습에 대한 흥미와 학습효과를 높일 수 있다. 이러한 교육은 직접적인 노작활동 중심의 학습으로 구성되어 있으므로 초등학교 실과, 중학교 기술과 가정, 미술 교과 등과 밀접한 관련이 있다. 따라서 발견과 발명의 교육은 특정교과를 통하여 집중적으로 발명품을 만들어내는 능력을 기르는 것이 아니라 여러 교과에 걸쳐 발명에 대한 호기심과 탐구심, 상상력, 창의적 문제해결 능력 등을 갖도록 하는 데 초점이 맞추어져야 하며, 유아의 창의력 및 문제해결 능력뿐만 아니라 노작 기능을 제고시키는 데 매우 효과적이다.

넷째, 자기 주도적 학습 능력을 배양해 준다

발명이란 일상 속에서 불편하거나 문제가 있는 것을 해결하려는 일련의 과정으로, 주변의 문제점들을 관찰하고 개선하려는 문제의식과 개선의지를 갖고 이를 해결하기 위하여 스스로 상당한 학습을 함으로써 자신도 모르는 사이에 그 분야의 전문가가 될 수 있다.

상상력과 호기심이 가득하여 창의력을 강하게 발휘할 수 있는 시기인 유아들에게 발견과 발명교육의 기회는 자신의 유능함을 지각하여 자신감을 갖게 하며 학습활동의 질적인 향상을 가져오고, 창의적으로 사고하는 습관을 기를 수 있다.

따라서 본서에서는 유아들이 과학교육의 기본 개념들을 자연스럽게 스스로 구성할 수 있도록 하고자 하였으며, 사물, 사건, 자연현상 등에 대해 의문점을 갖고 깊이 있게 발견하는 과학적 태도를 기르는 것에 중점을 두었다. 또한 유아 스스로 사물의 현상에 의문점을 갖고 심도 있게 사고하여 나름대로의 생각을 표현하는 과정 속에서 새로운 것을 창안해 내는 발명의 경험을 갖도록 격려하고자 하였다. 아울러, 지금까지 생각하지 못했던 사고를 발견해 보고 독특하고 창의적인 발명품을 제작해 보는 경험을 통해 유아들의 잠재된 능력을 발견하고 스스로 자신의 능력을 계발할 수 있는 기회를 제공하여 유아의 과학적 능력과 창의성을 계발하고자 하였다.

1 장

땅의 힘

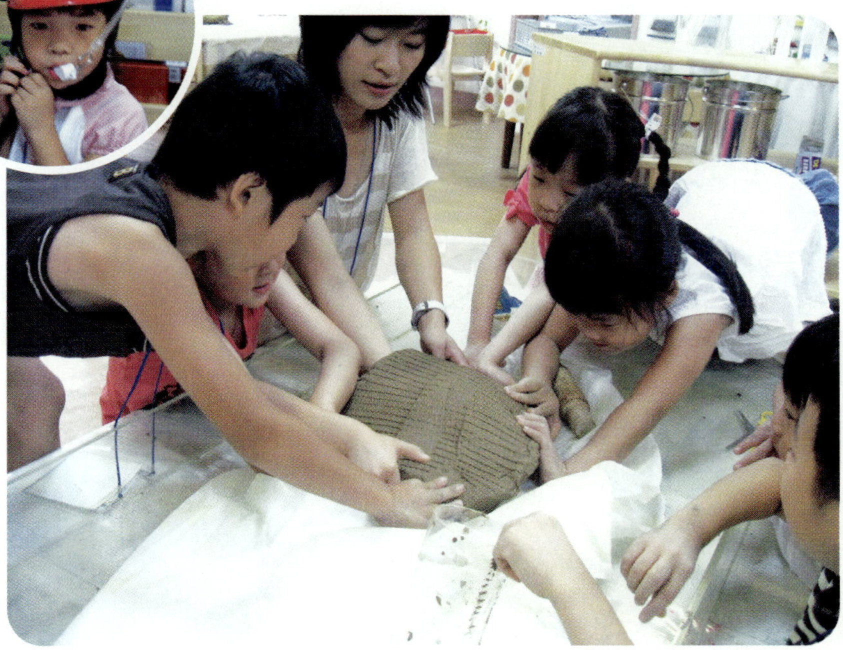

1장 땅의 힘

1. '땅의 힘'의 교육적 가치

자연을 가까이 하는 경험은 유아의 성장과 전인적 발달에 매우 긍정적인 역할을 한다. 2007개정 유치원 교육과정에서는 21세기 지식 정보화 시대를 주도할 '사람과 자연을 존중하고 사랑하는 한국인육성'을 기본 방향으로 선정함으로써 자연 세계를 교육 내용으로 하는 것의 중요성을 나타내고 있다. 자연을 사랑하고 보호하고자 하는 마음을 기르는 교육뿐만 아니라 자연세계는 유아들의 호기심을 자극하기에 충분하며 그 안에서 살아가는 다양한 생물체들의 독특한 특성과 변화과정, 그리고 그들 간의 관계 형성 등에 관한 사실은 신기하고 흥미진진한 과학적 지식의 창고와 같다.

다양한 자연세계 중 하나인 땅은 광물, 동 · 식물, 물과 공기로 이루어져 있으며, 지구의 모든 생물이 살아가는 데 필요한 영양분을 만들어 내는 중요한 곳이다. 눈에 보이지 않지만 땅속에는 많은 생명체들이 살고 있으며, 자연을 유지하는 데 중요한 역할을 하고 있다. 이러한 생명체 순환의 원리뿐 아니라 땅은 유기체와 광물질의 복합체로서 대단히 역동적이며 이러한 땅의 특성은 유아들로 하여금 과학적 원리를 탐구할 수 있는 환경을 제공한다. 또한 땅속은 힘을 가지고 있어 유아들이 관심을 가지고 있는 다양한 자연현상(화산, 지진)에 대해 탐구할 수 있도록 한다.

그렇다면 땅의 힘을 느낄 수 있는 지진이란 무엇일까? 지진이란 지구적인 힘에 의하여 땅속의 거대한 바위들이 갑자기 갈라지면서 그 충격으로 땅이 갈라지는 현상을 말한다. 특히 최근 세계 곳곳에서 일어나는 지진과 해일 등 땅의 힘에 의해 일어나는 자연재해는 땅에 대해 많은 사람들의 관심을 갖게 하고있다.

우리의 삶의 터전인 땅에서 일어나고 있는 여러 가지 현상에 대해 유아들은 많은 관심과 호기심을 갖고 있다. 따라서 유아들과 땅에 대해 탐색하고 알아보는 가운데 땅의 힘으로 인해 나타나는 현상, 원인과 결과, 대처방법 등을 알아보고 탐구해 보는 것은 의미 있는 일이다.

2. '땅의 힘' 에 대한 과학적 개념

- 우리 주변에는 다양한 종류의 땅이 있다.
- 땅은 여러 가지 물질들로 이루어져 있다.
- 땅은 구성되어 있는 물질들에 따라 여러 가지 종류로 나뉜다.
- 땅의 특성에 따라 그 쓰임이 다르다.
- 땅은 생물들이 살아가기 위한 에너지를 가지고 있다.
- 사람들은 땅의 힘으로 많은 이로움을 얻는다.
- 땅(지각)은 움직이고 있으며 그 힘으로 지진이나 화산활동이 발생한다.
- 지진이나 화산활동이 발생했을 때, 지켜야 할 안전수칙이 있다.
- 땅의 오염을 막기 위해 우리가 할 수 있는 일들이 있다.

3. '땅의 힘' 에 대한 발견의 과정

1) 땅을 이루고 있는 구성물질 알아보기

실험도구 탐색

실험도구	채집통, 삽, 다양한 종류의 땅을 구성하고 있는 물질(다양한 색의 돌멩이, 흙, 모래, 조개 등 앞마당에서 땅의 구성 물질 채집하여 사용하기), 만화경 만들기 세트, 포일 등

땅은 우리의 주변에 항상 존재하고 있는 대상으로 늘 옆에 있기 때문에 땅에 대해 깊이 있게 생각하지 않았다. 따라서 유아들의 땅에 대한 생각을 알아보고 땅의 특성, 땅의 구성요소에 대해 관찰해 보기 위해 땅을 채집할 수 있는 채집통과 삽 등을 이용하여 장소에 따라 달라지는 땅의 구성물질들을 채집할 수 있도록 하였다. 또한 장소마다 다른 땅의 특성을 알아보기 위해 주방에서 사용하는 포일을 준비하여 땅에 포일을 놓고 밟았을 때 다르게 나타나는 포일의 모습을 살펴볼 수 있도록 하였다. 유아들이 채집한 땅을 구성하고 있는 여러 물질들은 돋보기를 이용하여 관찰할 수도 있겠지만 만화경을 활용하여 땅을 관찰해 볼 수 있도록 하였다.

만화경이란 같은 모양은 다시 나타나지 않고 계속해서 변형된 모양을 보여 주는 물체로 19세기 초 영국의 물리학자 부르스터가 거울을 이용하여 처음 고안하였다. 만화경은 거울의 반사를 이용하여 사물을 대칭으로 볼 수 있도록 한 것이다. 세 개의 거울을 서로 60° 각도로 붙여 놓고 가운데에 물체를 두면 꼭짓점 주변에 다섯 개의 상이 생기며 물체를 포함하여 총 여섯 개의 상을 볼 수 있다. 사각형 만화경은 거울 여섯 개가 하나의 물체를 반사하게 하므로 바닥의 그림은 마치 공중에 떠 있는 것처럼 보인다. 이러한 사물을 다양한 각도에서 관찰할 수 있는 만화경의 원리를 이용하여 유아들과 앞마당에서 채집한 다양한 종류의 땅을 관찰하여 땅에 대한 호기심을 갖도록 하였다.

발견실험 내용

먼저 우리 주변의 다양한 땅에 대해 탐색해 보고 땅속의 모습과 특성을 알아보는 시간을 가졌다. 앞마당의 모래밭, 텃밭, 화단의 땅을 관찰하고, 맨발로 밟아 보기도 하고, 땅을 깊이 파 보기도 하고, 다양한 땅 위에 각각 다른 포일을 놓고 힘을 가한 뒤 포일의 변화모습을 비교하며 우리 주변의 다양한 땅의 모습을 탐색해 보고 다양한 구성물질로 이루어진 땅을 채집해 보는 시간을 가졌다.

이러한 실험을 통해 유아들은 장소에 따라 땅의 종류와 특성이 다르며 땅속의 모습도 다르다는 것을 발견할 수 있었다. 또한 유아들은 우리가 발로 밟고 있는 것이 땅이며, 이 땅은 아주 깊은 곳까지 계속 연결되어 있다고 생각하였다. 또한 땅의 겉모습은 매우 다양하며 사람들의 쓰임에 따라 다양하게 구성하기도 한다는 것을 알 수 있었다.

땅에 대해 알아보는 과정은 땅의 특징을 이해하며 우리가 알아볼 땅의 힘이 생기는 근원에 대한 유아들의 이해를 돕는 과정이 되었다. 땅의 모습을 관찰해 본 뒤 유아들과 땅의 종류에 따라 다른 물질로 구성된 땅들을 조금씩 채집해 보았다. 또한 채집한 땅을 재미있는 방법으로 관찰하기 위해 교사가 준비한 만화경 세트를 살펴보며 만화경이란 무엇인지, 어떻게 사용하는 것인지 알아보았다.

육면체 만화경 만드는 방법	① 거울 2장은 왼쪽 모서리 1cm되는 부분을 비스듬히 자른다. ② 다른 거울 2장은 거울의 짧은 길이에 맞추어 잘라 정사각형을 만든다 ③ 자른 정사각형 거울 1장은 뒷면에 그림을 그린다. ④ 다른 정사각형 거울 1장은 오른쪽 모서리 1cm되는 부분을 비스듬히 자른다. ⑤ 4장의 거울을 거울 면이 안으로 향하게 하여 테이프로 붙여 사각 기둥을 만든다. ⑥ 그림을 그린 정사각형 거울은 아랫부분에, 그림이 없고 모서리가 잘라진 거울은 윗부분에 붙인다. ⑦ 완성된 만화경에 색종이를 붙여 꾸민다. ⑧ 만화경 안에 우리가 채집한 땅을 종류별로 넣고 관찰한다.

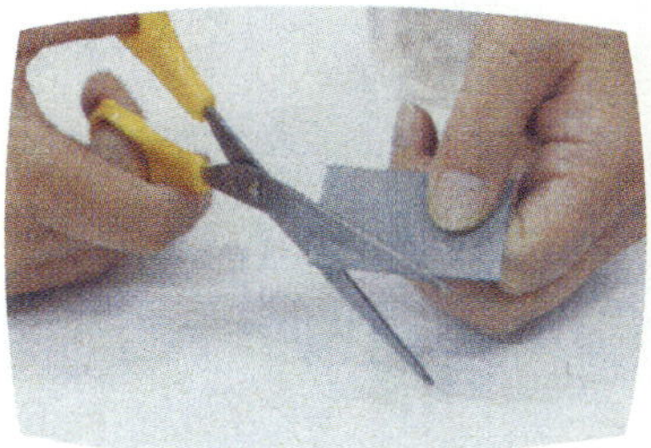

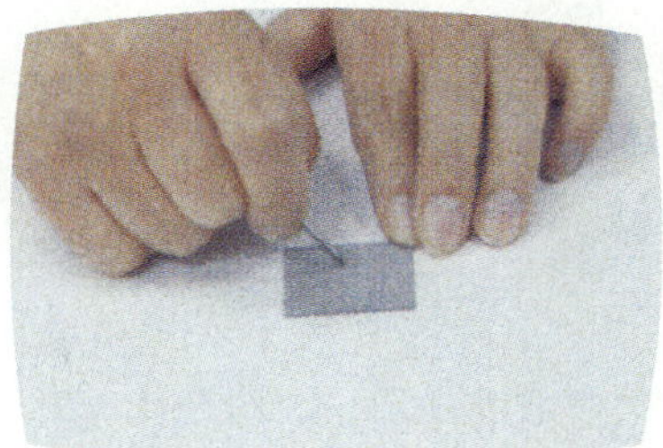

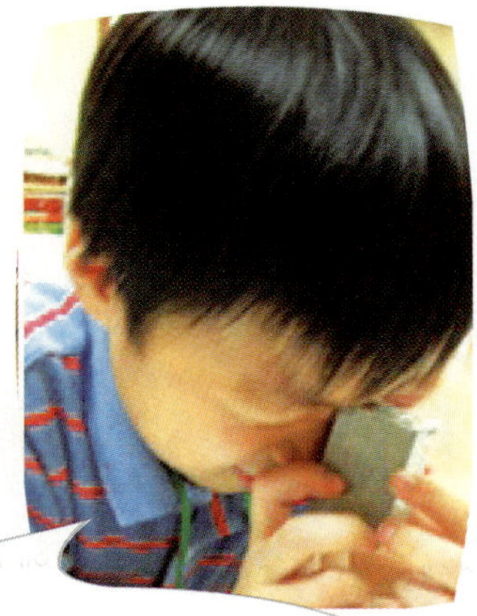

만화경 안에 흙을 넣으니까 흙이 더 많아 보여요.
조개껍질이 들어간 모래놀이터 흙은 더 반짝거려요.
텃밭의 흙은 그냥 까만색으로만 보여요. 잘 움직이지도 않아요.
만화경 속 세상은 다양하고 재미있어요.

일상생활에서 보는 땅이기 때문에 유아들이 땅을 종류별로 모아 채집하고 관찰하는데 있어 처음에는 지루함을 보였으나, 만화경을 이용함으로써 유아들의 흥미도를 높일 수 있었으며 새로운 시각으로 땅을 관찰해 보는 기회를 갖게 되었다.

발견실험 결과

유아들과 실험을 하며 발견하고 알게 된 사항들을 정리해 보았다. 우리가 보았던 땅의 종류를 아스팔트, 모래밭, 텃밭, 고무블록 등으로 분류하여 보았고 각각 밟았을 때의 느낌, 땅의 색, 쓰임 등에 대해 생각하고 각 땅의 특성에 대해 정리해 보는 시간을 가졌다.

이렇게 땅의 구성물질 및 특성에 대해 알아보는 과정을 통해 유아들은 땅을 우리 주변에 항상 있는 것이 아닌 사람들에게 여러 가지 이로움을 주는 소중한 자연으로 느끼게 되었다.

2) 땅의 힘 느껴보기 (인형집을 이용한 지진 실험)

실험도구 탐색

실험도구	인형집, 인형집 소품, 작은 책상, 자, 지진에 관한 동영상 자료

땅의 힘에 대해 이야기를 나누던 중 유아들은 지난 2008년 중국에서 일어난 큰 지진에 대해 이야기하게 되었고, 지진이 우리에게 어떤 영향을 미치게 되는지에 대해 궁금증을 갖게 되었다.

교사 : 지진이란 무엇일까?
유아 1 : 지진은 땅이 움직이는 거예요.
유아 3 : 지난번에 TV에서 봤는데 집하고 나무하고 차도하고 다 부서졌어.
유아 2 : 맞아요. 지진은 땅이 흔들리고 나무가 모두 뽑히고 건물도 무너져요.
유아 3 : 지진이 일어나면 모든 것이 엉망진창이 돼요.
유아 1 : 맞아, 사람도 동물도 식물도 지진이 일어나면 모두 다쳐. 지진은 참 무서운 거야.

지진에 관한 여러 사진자료와 영상자료를 통해 유아들은 지진의 위험성에 대해 생각해 보았다. 몇몇의 유아들은 사진자료 외에 실제로 땅의 힘에 의한 지진이 사람들에게 어떤 영향을 미치게 되는지를 과학적 실험을 통해 알아보기를 원해 인형집을 이용한 지진실험을 계획하였다.

지진 실험은 인형집을 우리가 생활하는 실제 집과 비슷하게 꾸민 후 책상이나 인형집을 흔들어 지진이 일어난 후의 상황을 관찰해 보도록 하는 실험으로 진행되었다.

발견실험 내용

교실에 있는 인형의 집을 이용하여 지진이 일어날 경우 우리들의 집에 미치는 영향에 대해 실험을 해보았는데, 유아들은 막연하게 약하게 흔들 때와 세게 흔들 때를 비교 하자고 하였지만 그 정도의 차이가 어떻게 나눠는지에 대해 논란이 있었다.

이에 유아들은 친구들과의 토의하기 과정을 통해 인형집 흔들기의 정도를 나타내는 정확한 기준의 차이가 있어야 함을 알았고 자를 이용하여 5cm와, 10cm, 20cm만큼을 측정하여 흔드는 거리를 다르게 함으로써 힘의 차이를 주었다. 또한 실험을 하기 전 유아들이 실험을 한 후 어떻게 변화될지에 대해 예측하고, 관찰하고, 이에 대해 비교하며 토론할 수 있도록 활동지를 작성해 보았다.

실험결과 예상하기

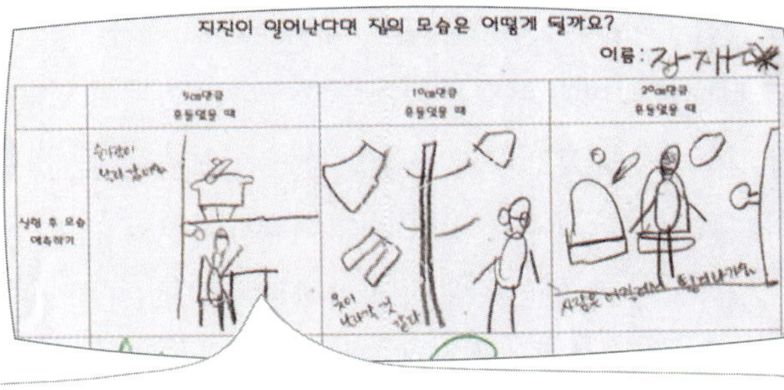

5cm가 흔들렸을 때는 숟가락이 날아갈 것 같고, 10cm만큼 흔들렸을 때는 옷이 날아갈 것 같아요. 20cm만큼 흔들렸을 때는 사람들이 어지러워서 튕겨나갈 것 같아요.

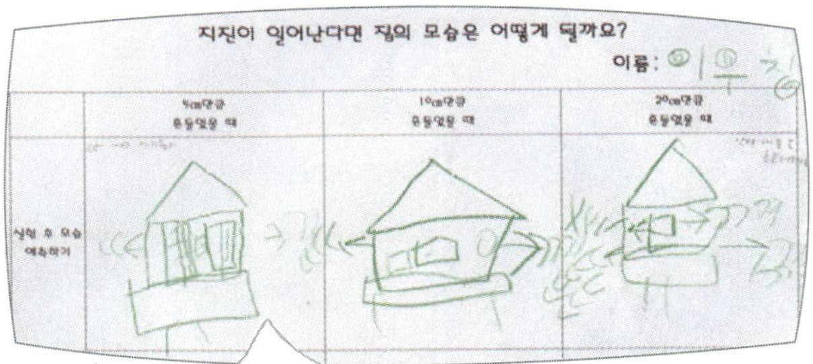

5cm만큼 흔들렸을 때는 집이 조금 흔들릴 것 같고, 10cm 만큼 흔들렸을 때는 더 많이, 20cm만큼 흔들렸을 때는 아주 많이 흔들릴 것 같아요.

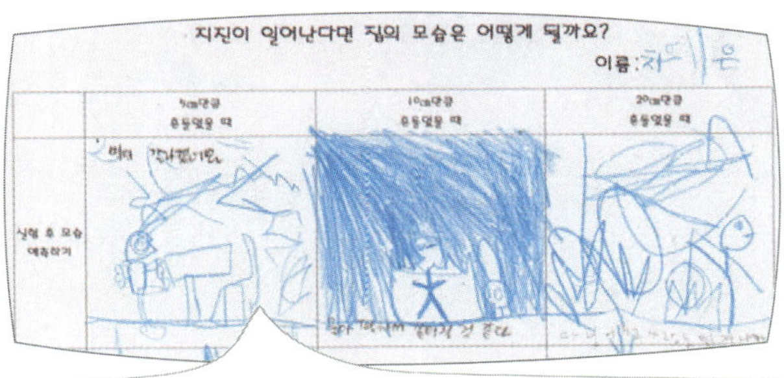

5cm만큼 흔들렸을 때는 벽이 갈라질 것 같고, 10cm 흔들렸을 때는 수돗물이 터져서 온 집이 물로 가득 찰 것 같고, 20cm만큼 흔들렸을 때는 모든 것이 망가질 것 같아요.

실험하기

실험방법에 대해 알아보고 실험결과를 예측해 본 유아들은 인형집을 꾸민 후 인형집을 흔들어 직접 실험을 해보았다. 간단한 실험이었지만 유아들은 지진이 우리에게 어떠한 영향을 미치며 지진의 강도 차에 따라 어떠한 변화가 나타나는지 알아볼 수 있었다.

5cm 만큼 흔들었을 때

집이 흔들리니까 집 안에 있는 가구, 사람, 모두가 흔들거려요. 집 안의 물건들이 흔들거리기는 하지만 우리가 꾸민 집의 모습이 보여요.

10cm 만큼 흔들었을 때

집 안의 것들이 흔들거리더니 쓰러지기 시작했어요. 중국에서 일어난 지진사진처럼 집 안의 가구와 사람들이 쓰러지고 망가졌어요.

20cm 만큼 흔들었을 때

세 지진이 일어나면 집이 모두 무너져요. 지붕까지 다 날아갔어요. 만약 우리가 인형집에 있는 인형이라면 크게 다치거나 죽을 것 같아요. 우리가 인형이 된 것 같아서 깜짝 놀랐어요. 사람이 가장 빨리 넘어지니까 조심해야겠어요. 지진에도 무너지지 않는 집이 필요해요.

실험 후 결과 기록하기

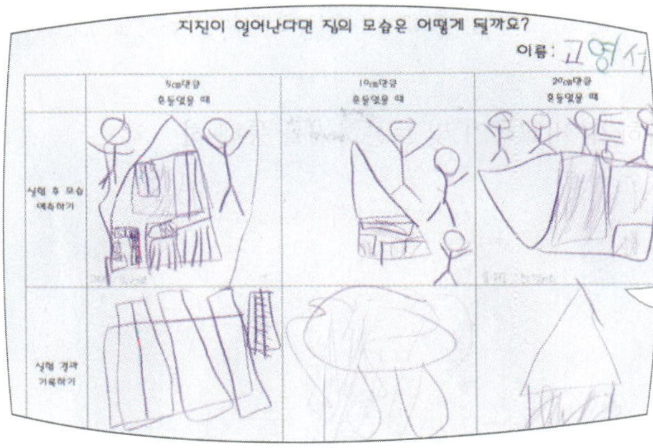

지진이 일어난다면 집의 모습은 어떻게 될까요?

이름:

	5cm만큼 흔들었을 때	10cm만큼 흔들었을 때	20cm만큼 흔들었을 때
실험 후 모습 예측하기			
실험 결과 기록하기			

5cm만큼 흔들렸을 때는 의자가 넘어졌고, 10cm만큼 흔들렸을 때는 사람이 넘어졌어요. 20cm만큼 흔들렸을 때는 자동차까지 모두 넘어졌어요.

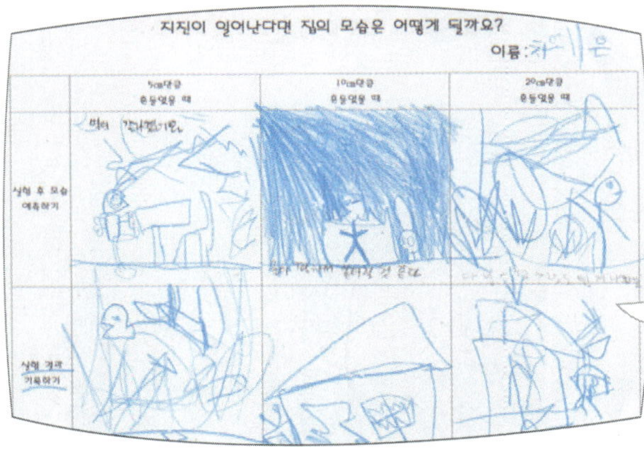

지진이 일어난다면 집의 모습은 어떻게 될까요?

이름:

	5cm만큼 흔들었을 때	10cm만큼 흔들었을 때	20cm만큼 흔들었을 때
실험 후 모습 예측하기			
실험 결과 기록하기			

5cm만큼 흔들렸을 때는 진동이 일어났고, 10cm만큼 흔들렸을 때는 가구들이 움직였고, 20cm만큼 흔들렸을 때는 지붕, 사람까지 모두 집 밖으로 날아갔어요.

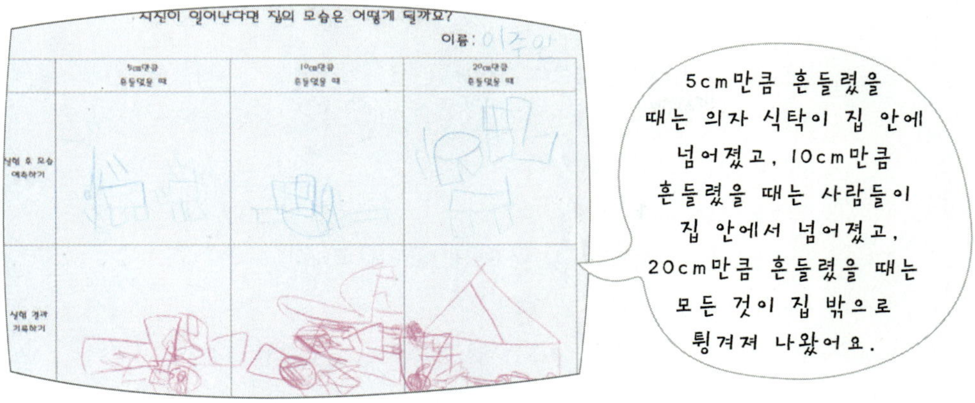

발견실험 결과

지진실험은 유아들이 직접 경험해보지 못한 지진에 대해 인형집을 통해 느껴볼 수 있도록 하는 실험이었다. 이 실험을 통해 유아들은 지진의 강도에 따라 집의 모습이 어떻게 달라지는지 살펴보고 지진이 우리의 생활에 미치는 영향을 느낄 수 있었으며, 실험 전 예측하기와 실험 후 결과 기록하기, 비교하기 및 토론하기를 통해 하나의 현상에 대해 구체적인 생각을 하며 과학적 사고력을 키워볼 수 있었다. 또한 지진의 결과로 인해 발생되는 재해의 피해에 대해 생각해 보고 이런 재해를 막고 견뎌내기 위해 우리가 할 수 있는 일에 대해 생각해 보았다.

3) 움직이는 땅에 대해 알아보기

실험도구 탐색

실험도구	세계지도, 대륙으로 나누어진 세계지도 조각, 점토

유아들과 땅의 특징에 대해 알아보고 땅의 힘에 의해 일어나는 현상인 지진에 대해 실험을 해본 뒤 유아들은 이러한 땅이 어떻게 하여 지진이라는 자연재해로 변화하게 되는지를 궁금해 하였다.

교사 : 지진 실험을 해보았는데, 지진이 우리에게 어떤 영향을 주는 것 같니?

유아 1 : 지진은 정말 무서운 것 같아요. 건물도 무너뜨리고 사람도 죽게 만들고… 이런 지진이 일어나지 않았으면 좋겠어요.

유아 2 : 그런데 지진은 왜 일어나요?

교사 : 글쎄, 너희들이 생각하기에 지진은 왜 일어나는 것 같니?

유아 3 : 홍수가 나서 물이 땅을 미는 거예요.

유아 4 : 땅 속에 가스가 차서 땅이 점점 커지는 거예요.

유아 5 : 땅 온도가 너무 높아서 막 갈라지는 거예요.

유아 6 : 태양 때문에 땅이 익어서 부서지는 거예요.

유아 7 : 아무튼 땅 속에 보이지 않는 힘이 있어서 지진이 일어나는 것 같아요.

옛날에는 지구의 땅이 하나의 모습이었대요. 정말 하나였는지 알아보려고 지도를 대륙별 모양대로 오리고 다시 붙여 보았어요. 오린 지도를 모양대로 붙여보니 하나의 땅이 완성되네요. 우리가 보지 못하는 땅 속에는 어떤 커다란 힘이 있어서 땅을 움직이게 하는 게 맞는 것 같아요.

유아들은 지진의 원인을 다양한 곳에서 찾고 있었다. 물, 가스, 태양 등 지진에 대한 다양한 원인을 생각해 내었으나 유아들은 지진에 대한 직접적인 경험이 없기 때문에 원인을 확신하기 힘들었다. 유아들과 책, 백과사전 등 다양한 자료를 통해 지진의 원인에 대해 알아보고 이야기를 나누는 중 지진의 원인으로 추측하고 있는 '대륙이동설' 이라는 학설을 알게 되었고, 유아들과 이 학설에 대해 이해해 보기 위해 세계지도를 살펴보았다. 세계지도의 대륙들을 오리고 다시 붙여보는 과정을 통해 지진의 원인에 대해 생각해 보는 기회를 갖게 되었다.

발견실험 내용

유아들은 지진이 어떠한 힘에 의해 땅이 움직여서 일어나는 것이라 생각하고 지진의 원인에 대해 알아보기 위해 지진이 일어나는 원리에 대한 실험을 하였다. 먼저 유아들과 땅을 만들기 위해 점토를 쌓아 땅의 모양을 만들고 힘을 가하여 땅의 변화를 관찰해 보았다. 미는 힘, 당기는 힘으로 힘의 방향에 대한 땅의 변화를 알아보았으며 한 명, 두 명 등 미는 사람의 명수를 늘려 힘에 따른 변화의 차이를 관찰해 보았다.

실험결과 예상하기 (점토에 힘을 가하면 어떻게 될까?)

땅이 움직일 것 같아요.
밀어서 움직일 것 같아요.
둘이 밀면 더 많이 움직일 것 같아요.
땅이 엉망이 되어요.
이상하게 될 것 같아요.

실험하기 (점토를 밀어보면 어떻게 될까?)

한 사람이 밀면
움직이지 않아요.
땅이 그냥 있어요.
밀리기만 해요.
별로 움직이지 않아요.
땅이 갈라져요.

땅을 서로 밀면
땅이 위로 올라가요.
집이 있으면 다 무너졌
겠어요. 땅이 갈라져서
구멍이 생겨요. 땅을
잡아당기면 그래요.

발견실험 결과

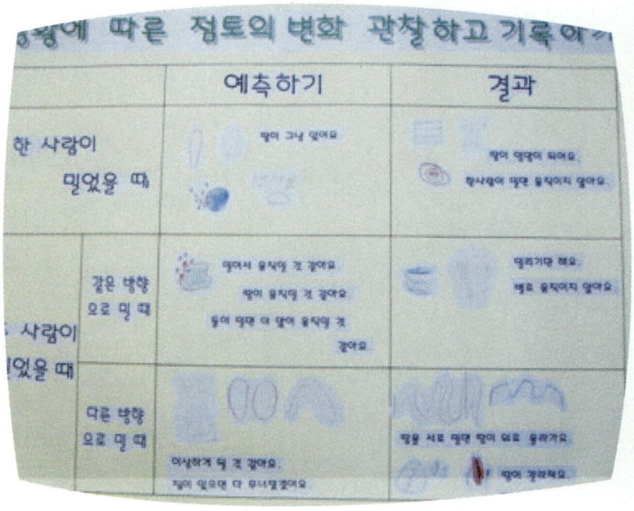

밀어서 땅이 변한 모습

당겨서 땅이 변한 모습

실험활동을 하며 유아들은 땅에 힘을 가하면 모양이 변화하고 이러한 모양변화로 인해 지진이 일어나게 된다는 것을 알 수 있었다. 즉, 지진은 땅의 변화에 의해 생기게 되는 현상임을 알 수 있었다.

4) 지진이 일어나도 안전한 집 지어보기

실험도구 탐색

실험도구	다양한 크기와 모양의 집짓기 블록, 땅역할을 하는 판, 자, 활동지

지진으로 인한 땅의 변화를 실험을 통해 경험하게 된 유아들은 이러한 지진에도 견딜 수 있는 집을 지어보고자 하였다. 유아들이 제안한 나무, 블록, 벽돌로 집을 지어보고 각각 지진에 견디는 정도를 측정해 보기로 하였다. 이러한 실험은 재료의 차이에 따른 특

재료와 구성하는 방법을 중심으로 예측하여 설계하기

성을 발견하게 해주고 흔들리는 힘에 견딜 수 있는 특징들(무게, 밑면적, 높이 등)의 차이를 발견할 수 있도록 하는 기회가 되었다.

유아들은 벽돌로 지은 집이 지진에도 무너지지 않을 것이라고 예상하였지만 벽돌을 이용하여 어떻게 집을 지어야 하는지에 대해서는 정확하게 이해하지 못하였다. 이에 유아들이 주로 이야기한 소재인 벽돌, 나무, 플라스틱을 이용하여 집을 구성해보고 무너지는 정도에 대해 실험해 보았다

발견실험 내용

나무를 이용하여 집짓기

그냥 쌓을 때는 쉽게 무너졌지만 점토와 같이 접착제 역할을 하는 것이 있는 경우 나무로 지은 집도 쉽게 무너지지 않음을 알 수 있었다.

너무 높이 쌓으니까 무너져요. 나무는 너무 가벼워서 금방 넘어져요.
이 집은 위가 무거우니까 잘 넘어지지 않을 것 같아요.
이 집은 작아서 부서지지 않을 것 같아요. 이 집은 점토로 붙였어요.
나무로 지진에 무너지지 않는 집을 만들려면 점토로 나무를 붙여야 겠어요.
점토가 붙어서 넘어지지 않게 도와주었어요.

벽돌 이용하여 집 짓기

벽돌은 무겁고 튼튼하지만 높이 쌓으면 무너져요.
낮고 넓게 쌓으면 무너지지 않아요.
튼튼한 집을 지으려면 1층부터 튼튼하게 쌓아야 해요.

벽돌로 지은 집은 처음에는 무너지지 않을 것이라 예상하였지만 쉽게 무너졌다. 특히 높게 쌓은 경우 이러한 현상이 두드러졌다. 유아들은 점토 속 깊이 벽돌을 고정시켜서 지지대를 구성하고 위에 얹는 방법을 이용하였으며 높은 층이 아닌 1층의 집으로 안정성을 더하였다.

플라스틱 블록 이용하여 집 짓기

플라스틱 블록의 경우 블록의 특징이 서로 끼워져 단단하게 고정되는 것이었는데 이러한 특징으로 오랫동안 무너지지 않는 것을 발견하였으며 집을 구성할 때 재료들이 서로 잘 연결되어야 함을 알 수 있었다.

발견실험 결과

유아들은 이러한 활동을 통해 지진에도 안전한 다양한 집의 재료로 벽돌, 콘크리트, 강철 등을 생각해 볼 수 있었으며, 집이 무너지지 않기 위해서는 재료와 재료를 연결하는 부위가 접착력이 강해야 한다는 것을 생각해 볼 수 있었다.

5) 지진을 측정하는 방법(지진계) 알아보기

실험도구 탐색

실험도구	네임펜, 줄, 줄을 달 수 있는 지지대, 종이, 땅의 역할을 할 판, 간이 지진계

유아들은 실험을 통해 지진이 미치는 영향을 알아보면서 이러한 지진이 일어나지 않게 막거나 지진이 일어나는 것을 미리 알 수 있기를 바라는 마음을 가졌다. 그러면서 유아들은 지진이 일어나면 사람들을 빨리 대피해야 하며 빨리 대피하기 위해서는 지진이 일어나는 것을 사람들에게 알려야 한다고 생각했다. 또한 지진을 알리기 위한 방법으로 지진을 측정할 수 있는 도구의 필요성을 깨달았다. 따라서 다양한 지진계의 사진자료와 유아들이 실험해 볼 수 있는 간이 지진계를 탐색해 보고 어떻게 사용하는 것이며, 그 원리는 무엇인지 알아보는 시간을 가졌다.

발견실험 내용

유아들과 지진을 알리기 위한 도구의 필요성과 지진을 측정할 수 있는 다양한 방법들에 대해 이야기를 나누어 보았다.

교사 : 어떻게 하면 지진이 일어나는 것을 측정해 볼 수 있을까?
유아 1 : 사람들이 땅에 귀를 대고 있어요. 땅이 움직이는 소리가 들리면 얼만큼 들리는지 재어요.
유아 2 : 아니 손을 대고 있어요. 그럼 알 수 있어요.
유아 3 : 우리가 알아본 것처럼 집이 얼마나 부서지는지를 보면 알 수 있어요.
교사 : 그런데 지진이 일어나고 있는데 누가 지진이 얼마만큼 일어나는지 손을 대어보고, 귀를 대어볼 수 있을까?
유아 1 : 도망가야 하는데….
유아 2 : 사람 대신에 지진이 얼마만큼 일어났는지 알아봐 주는 것이 필요해요.

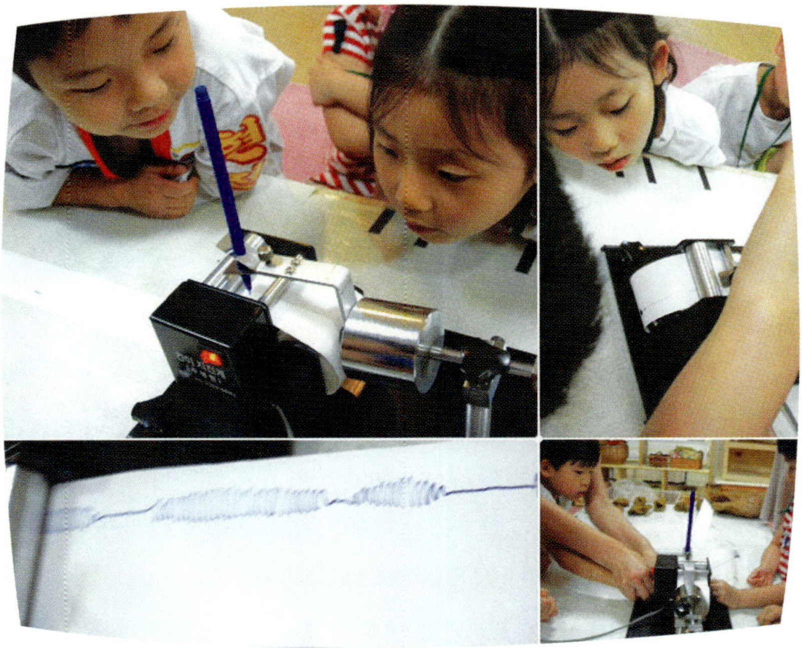

우와~! 움직였어요.
땅이 흔들리니까 펜이 움직여서 그런 것 같아요.
조금 더 흔들었더니 달라졌어요.
많이 흔들면 모양은 같은데 조금 울룩불룩 달라져요.
아까보다 많이 흔들려서 그런 것 같아요.
정말 많이 흔들면 산처럼 그려지겠어요.

유아들과 지진을 측정하기 위한 도구가 있어야 한다는 것까지 이야기를 한 뒤, 이미 발명되어 사용되고 있는 지진계에 대해 알아보았다. 지진계를 관찰하고 직접 우리가 힘을 가해 본 뒤 지진계로 측정되는 과정들을 살펴보았다.

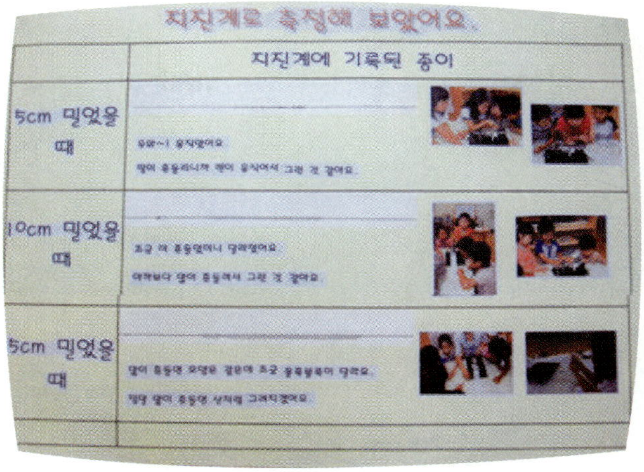

유아들은 이러한 기계로 만들어진 지진계를 모든 사람들이 가지고 있을 수 없기 때문에, 개개인이 모두 갖고 있는 것이 필요하다고 이야기하였고 휴대품으로 가지고 다닐 수 있는 간이 지진계를 만들어 보았다.

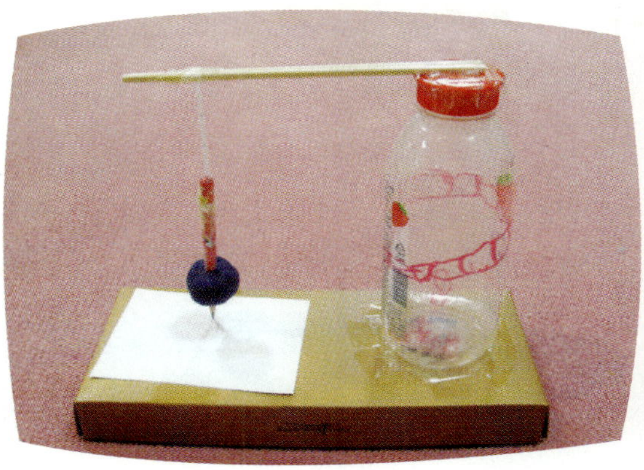

지진계는 약한 지진이 일어났는지 센 지진이 일어났는지 알려 주는 기계예요.
우리 집에도 이런 지진계가 있어서 연필이 크게 움직일 때
빨리 대피할 수 있도록 했으면 좋겠어요.
지진계에는 연필과 종이, 그리고 흔들리는 것을 알 수 있는 장치가 필요해요.
상자와 연필, 종이, 끈을 이용해서 지진계를 만들었어요. 이제 이걸 보면
지진이 일어나는 것을 알 수 있으니까 안전할 것 같아요.

발견실험 결과

유아들은 다양한 지진계를 탐색해 보며 작동방법을 알아보고, 또 자신들에게 필요한 간이 지진계를 만들어 보면서 지진을 미리 예측하고 대피하는 것에 대한 중요성을 알게 되었다. 땅의 힘에 대한 발견의 과정은 땅의 힘이 가장 잘 드러나는 지진이라는 자연재해를 중심으로 이루어졌고, 이러한 발견실험 과정들은 지진을 피하거나 미리 예측하기 위한 방법들의 발명의 토대가 되었다.

4. '땅의 힘' 에 대한 발명의 과정

발명품 계획하기

유아들은 지진의 피해와 지진이 우리에게 미치는 영향 등에 대해 여러 가지 매체를 통해 접한 뒤여서 땅의 힘에 대한 발명으로 땅의 힘을 피하거나 예측하기 위한 도구들, 즉 지진으로부터 사람들을 안전하게 해줄 수 있는 도구들을 발명해 보기를 원하였다.

교사 : 땅은 어떤 힘을 가지고 있었니?
유아 1 : 땅은 식물도 길러주고 우리가 집을 짓고 살 수 있게도 해줘요.
유아 2 : 땅이 있으면 모래놀이도 할 수 있고 석탄이나 보석 같은 것도 얻을 수 있어요.
유아 3 : 땅은 우리에게 좋은 일을 하기도 하지만 무서운 힘을 보여 주기도 해요. 지진이 나면 집도 도로도 무너지게 해요.
유아 2 : 지진이 일어나면 사람도 나무도 동물도 살 수 없어요.
유아 3 : 지진을 미리 알려 주는 기계가 있으면 지진을 피할 수 있을 거예요.
유아 4 : 맞아요. 날씨를 미리 알려 주는 것처럼 지진도 미리 알려 주는 지진예보로봇이 있으면 좋겠어요.
유아 5 : 지진이 나도 튼튼한 집을 지으면 모두가 다치지 않고 행복하게 살 수 있을 거예요.
유아 2 : 지진이 일어나도 안전할 수 있는 대피소를 만들어도 좋을 것 같아요.

유아들과 이야기를 나누어 결정하게 된 발명품은 크게 세 가지로 나누어졌다.

첫 번째, 지진이 발생할 경우 대피할 수 있는 장소로 지진책상, 지진이 일어났을 경우 땅에 묻히거나 할 수 있으므로 땅을 파고 탈출 할 수 있도록 하는 것에 도움이 되는 지진 모자 만들기로 이루어졌다.

두 번째, 지진이 발생한 후 그 강도를 알려 주는 지진계가 아닌 지진이 언제 발생할지 미리 예측하고 관측하여 알려 주는 지진예보로봇이었다.

마지막으로 지진이 일어나도 안전할 수 있는 집을 만들어 보고 싶다는 의견을 내놓았다.

지진대피소 설계도

지진예보로봇 설계도

지진에 안전한 땅과 집의 설계도

이러한 이야기들을 나누며 유아들이 지진에 대해 많은 두려움을 가지고 있다는 것을 알 수 있었으며 자신들의 두려움을 과학적인 방법을 통해 해결해가고자 하는 유아들의 생각을 볼 수 있었다.

또한 설계도를 바탕으로 유아들은 필요한 재료들을 이야기하였다. 실험활동을 경험하며 유아들이 튼튼하다고 생각하는 재료와 여러 가지 도구를 발명품에 첨가할 것을 이야기하였으며, 유아들과 함께 필요한 재료들을 수집해 볼 수 있었다.

교사 : 너희가 말한 발명품들을 만들려면 어떤 재료들이 필요할까?

유아 1 : 대피소를 만들려면 우선 책상이 필요해요. 그 책상에 지진이 일어났을 때 안전하게 내 몸을 지킬 수 있는 모자, 지진계 같은 것을 붙이면 될 것 같아요.

유아 2 : 맞아요. 책상하고, 모자, 우리가 만들었던 지진계 같은 걸 사용하면 될 것 같아요.

유아 3 : 로봇은 얼굴, 팔, 다리가 있어야 해요. 로봇을 만들 수 있는 큰 상자가 필요해요.

유아 4 : 지진이 일어나는지 미리 알아 볼 수 있는 컴퓨터도 필요하고 지진을 느낄 수 있는 안테나도 필요해요.

유아 5 : 땅속을 탐험할 수 있는 삽, 긴 호스, 손전등 같은 것이 있으면 좋을 것 같아요.

교사 : 그럼 지진에도 안전한 집을 지으려면 어떤 것들이 필요하니?

유아 1 : 우선 흔들리지 않는 땅이 필요해요.

유아 2 : 아스팔트나 강철로 된 땅이면 지진이 일어나도 흔들리지 않을 것 같아요.

유아 3 : 집을 공처럼 지으면 지진이 일어나도 통통 튀기고 다치지 않을 것 같아요.

유아 4 : 만약 지진이 일어나면 날아갈 수 있도록 집에 날개를 달아요.

유아 5 : 안전한 곳에 도착하면 탈출할 수 있는 탈출구도 만들었으면 좋겠어요.

발명품 구성하기

지진 책상 발명하기

유아들이 발명품에 대해 계획하면서 가장 먼저 생각한 것이 지진이 일어날 경우 대피할 수 있는 곳이었다. 유아들이 지진대피훈련 시 단단한 가구 밑으로 숨어야 한다는 사실을 교육받아서 유치원의 단단한 책상을 이용하여 대피할 수 있는 장소를 구성해 보고자 하였다. 유아들과 먼저 책상을 고른 뒤 어떤 형태로 지진책상을 구성할 것인지에 대해 논의해 보았다.

유아들은 지진책상에 대해 계획하며 흙속에 묻히는 경우 우리가 어떻게 해야 하는지에 대해 생각해보기 시작하였다. 특히 땅속에서 숨을 쉴 수 없기 때문에 산소가 들어올 수 있는 길을 만들어야 하며 또한 사람들에게 도와달라고 이야기 할 수 있는 소리가 전

유아 1 : 책상은 단단해야 하고 책상 안에는 우리에게 필요한 것을 모아두어요.
유아 2 : 밖으로 탈출할 때 필요한 삽도 두고, 불이 안 들어올 수 있으니까 손전등도 가져다 두어야해요.
유아 3 : 그런데 정말 지진이 일어나면 흙속에서 너무 무섭겠다.

달되는 길을 만들어야 한다고 하였다. 유아들과 산소와 소리가 통할 수 있는 재료를 찾던 중 호스를 발견하였고 유아들은 직접 숨을 불어 보거나 소리를 전달해 보는 과정을 통해 우리에게 적합한 재료라고 생각되어 선택하였다.

지진 모자 발명하기

지진책상과 함께 유아들이 이야기한 것은 지진이 일어났을 경우 쓸 수 있는 모자였다. 지진이 일어난 경우 단단한 물건이 머리로 떨어져 다치는 것을 예방할 뿐 아니라 땅속에서 탈출하게 될 경우 필요한 것들을 모아놓은 모자를 구성해 보았다.

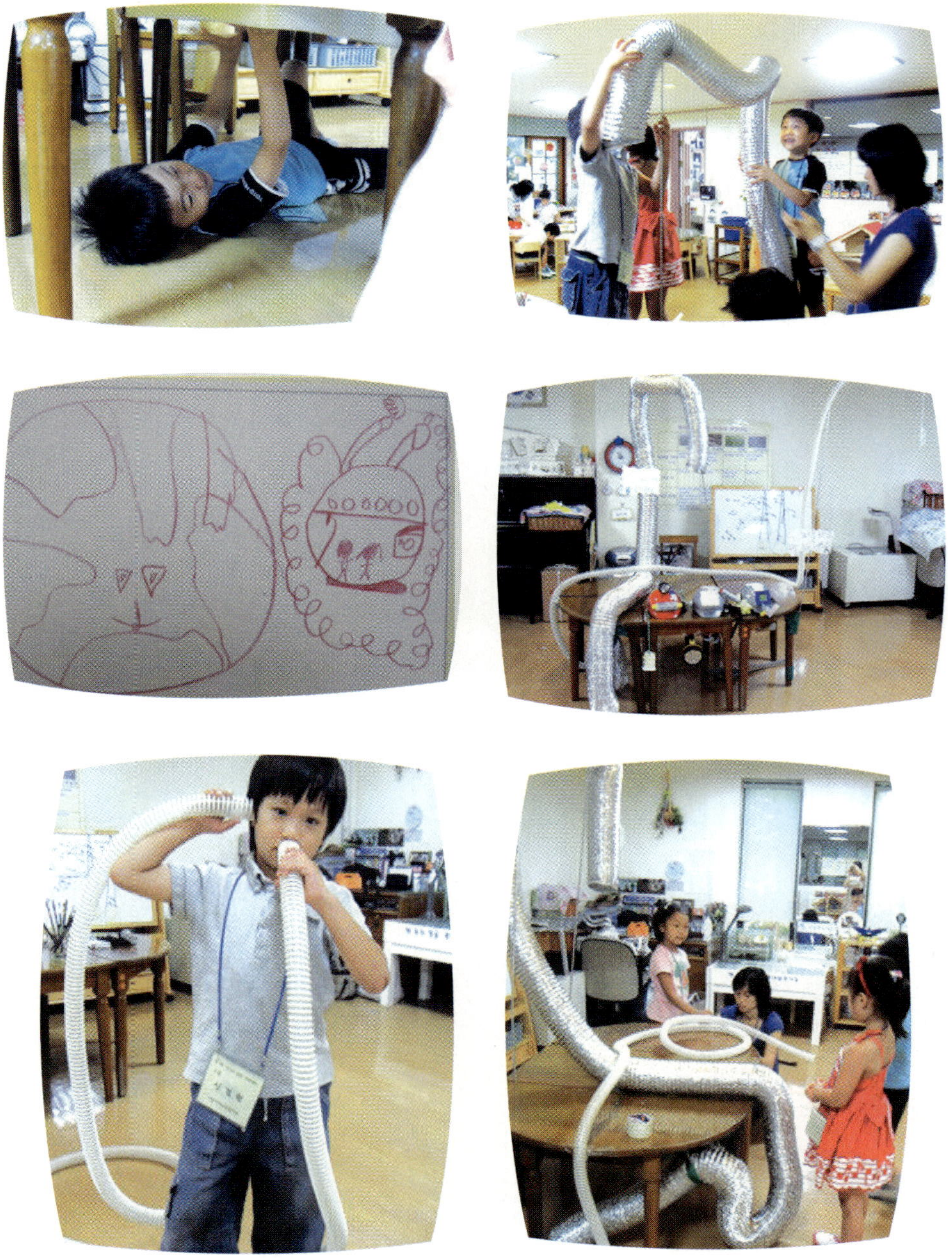

호스를 이용해 숨을 불어 보거나 소리를 전달해 보는 모습

유아들이 발명한 지진 모자

유아들은 사람들이 땅속에 묻혔을 경우를 생각하며 다양한 도구들을 생각해 내었다. 유아들이 직접 라디오를 만들거나 불이 들어오는 장치를 발명한 것은 아니지만 우리 주변의 생활도구들의 쓰임을 이해하고 그것들을 모아 새로운 하나의 도구를 발명해 가는 과정은 유아들에게 매우 창의적인 사고를 할 수 있도록 하는 기회가 되었다.

지진예보로봇 발명하기

유아들은 지진계를 관찰하며 지진계가 지진의 발생을 알려 주어서 유용하지만 지진이 일어나는 것을 미리 알 수 없다는 것이 단점이라는 이야기를 하였다. 유아들은 지진이 일어나면 이 세상에 존재하는 모든 생명들이 위험하기 때문에 이를 미리 감지할 수 있었으면 좋겠다고 이야기하였다. 그러면서 유아들은 날씨를 미리 알려 주는 일기예보처럼 지진의 발생을 미리 알려 주는 지진예보로봇이 있었으면 좋겠다며 예보에 필요한

것들을 생각해 보았다. 유아들은 땅속을 탐색할 수 있도록 호스와 현미경을 연결하도록 하였고, 로봇 중앙에 컴퓨터 하드를 넣어 지진을 감지하면 알려 주는 장치를 만들자고 하였다.

지진에도 안전한 집 발명하기

유아들은 지진에도 안전한 집짓기 실험을 하며 지진이 일어나도 집을 안전하게 짓는다면 그 피해를 최소화할 수 있다는 생각을 하였다. 따라서 유아들은 자신들이 튼튼하다고 생각하는 재료를 이용하여 집을 지었고, 재료를 연결하는 것에 특히 신경을 써서 집을 발명하는 모습이었다.

또한 유아들은 큰 지진이 일어나면 아무리 튼튼한 집을 지어도 안전하지 못하기 때문에 비행기처럼 집 자체를 날아가게 하는 것도 좋겠다는 이야기를 하였다. 하늘을 나는 이동식 주택은 실현하기 힘든 아이디어이지만 유아들의 상상 속에서는 가능한 이야기였다.

유아들은 토론한 이야기들을 토대로 자신들이 발명하고 싶은 발명품의 설계도를 그

리고 그 모습대로 발명품을 만들게 되었다. 유아들의 생각대로 실제로 활용할 수는 없었지만 이러한 발명품들을 만들어 보며 실제 지진이 났을 때의 상황을 대비하고, 미래에 이러한 발명품을 만들어 보겠다는 꿈을 키워 볼 수 있었다.

5. '땅의 힘'에 대한 전시회 및 평가

조별로 다양한 예측하기, 실험하기, 협의하기의 과정을 거쳐 발견하고 발명한 것들을 공유하는 시간으로 전시회를 경험하였다. 전시회의 경험은 자신들의 발견의 과정과 발명품을 소개하고 다른 조의 생각과 경험을 공유하는 기회가 되었다.

유아들은 우리가 발명한 발명품에 대해 친구들에게 좀 더 효과적으로 소개하기 위해 작은 퍼포먼스를 계획하였다. 지진이 난 경우에 직접 지진모자와 지진책상을 이용하여 대피하는 과정을 보여 줌으로써 다른 유아들에게 발명품의 필요와 기능에 대해 효과적으로 전달할 수 있었다. 이러한 과정은 다른 유아들에게도 땅의 힘으로 인한 자연재해인 지진에 대해 좀 더 깊이 있게 생각해 보고 지진이 일어났을 경우 유아들이 실천해야 하는 대피과정에 대해 효과적으로 전달할 수 있었다.

모든 유아들이 모여 자신이 만든 발명품을 소개하고 친구들이 만든 발명품을 공유해 보며 땅의 힘이 얼마나 위협이 되는지 알아보는 기회가 될 수 있었다.

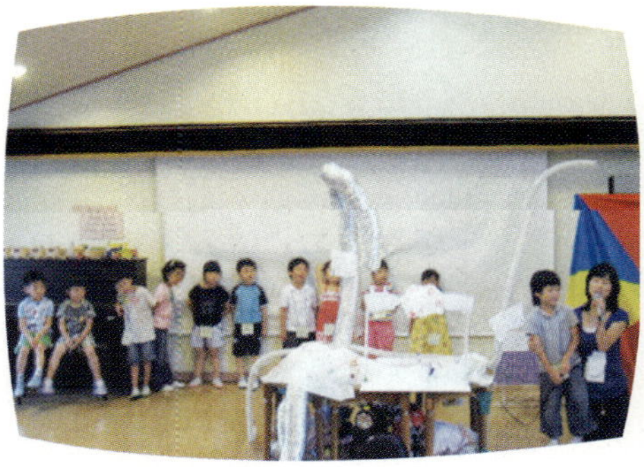

교육계획안

<table>
<tr><td colspan="2">활동명</td><td>지진이 일어난다면 어떻게 될까요?</td></tr>
<tr><td colspan="2">목표</td><td>• 지진에 대해 관심을 갖는다.
• 지진이 우리에게 미치는 영향에 대해 알아본다.</td></tr>
<tr><td colspan="2">준비물</td><td>인형집, 인형집 소품, 작은 책상, 자</td></tr>
<tr><td rowspan="2">활동방법</td><td>도입</td><td>우리들이 알고 있는 지진에 대해 이야기를 나눈다 (중국에서 발생한 지진 사진 및 동영상 자료 살펴보기).
· 중국에서 발생한 지진모습을 본 적이 있니?
· 지진은 어떻게 일어나는 것일까?
· 지진이 일어나면 어떻게 될까?</td></tr>
<tr><td>전개</td><td>인형집을 우리가 사는 집처럼 꾸민 후, 땅이 흔들렸을 경우 어떻게 인형집의 모습이 변화하는지 예상해 본다.
· 지진이 일어나면 어떻게 될까?
· 인형집을 우리가 사는 집처럼 꾸며보자.
· 인형집을 밀어 지진이 일어난 것처럼 한다면 인형집은 어떻게 될까?
· 인형집을 5cm, 10cm, 20cm 밀었을 때 인형집의 모습이 어떻게 달라질까?

실험을 통해 지진의 정도에 따라 변화하는 인형집의 모습을 기록한다.
· 5cm, 10cm, 20cm만큼 밀었을 때 인형집의 모습을 관찰해 보자.
· 인형집에 있는 사람, 소품들이 어떻게 변화되었니?
· 가구, 사람들은 어떻게 되었니?
· 땅에 더 큰 힘이 주어지면 어떻게 될까?

실험을 통해 지진이 일어났을 경우 발생하는 일들을 이해한다.</td></tr>
</table>

활동방법

전개

실험 전 인형집의 모습		5cm만큼 흔들었을 때	10cm만큼 흔들었을 때	20cm만큼 흔들었을 때
	실험 후 모습 예상하기			
	실험결과 기록하기			

결론

실험 관찰 결과를 기록하고 실험 결과를 공유한다.

- 인형집을 흔들어 보았더니 어떻게 되었니?
- 인형집의 모습이 가장 많이 변화한 것은 어느 정도 흔들었을 때니?
- 우리가 살고 있는 땅의 힘에 의해 지진이 일어난다면 우리는 어떻게 될까?

<table>
<tr><td colspan="2">활동명</td><td>땅은 어떤 것으로 이루어졌을까요?</td></tr>
<tr><td colspan="2">목표</td><td>• 땅을 구성하고 있는 물질에 대해 알아본다.
• 땅의 다양함에 대해 관심을 가진다.</td></tr>
<tr><td colspan="2">준비물</td><td>다양한 땅을 구성하고 있는 물질(여러 가지 색 돌멩이, 흙, 모래, 조개 등 앞마당에서 땅의 구성 물질 채집하여 사용하기), 만화경 만들기 세트</td></tr>
<tr><td rowspan="2">활동방법</td><td>도입</td><td>앞마당의 다양한 땅의 모습을 관찰하며 땅을 이루고 있는 물질에 대해 이야기를 나눈다.
· 땅은 어떠한 것들로 이루어져 있을까?
· 앞마당에서 땅이 있는 곳을 알아보자.
· 모래놀이터, 텃밭, 자전거길, 주차장의 땅은 무엇으로 이루어져 있는 것 같니?
· 앞마당의 각 장소의 흙을 모아 관찰해 보자.</td></tr>
<tr><td>전개</td><td>만화경이란 무엇인지에 대해 이야기를 나눈 후 만화경을 만든다.
· 만화경을 본 적이 있니? 어떤 물건일까?
· 만화경 안에 다양한 종류의 땅 구성물질을 넣어 관찰해 보자.

만화경 만들기
1. 플라스틱 거울을 삼각기둥 도면에 붙인다.
2. 삼각기둥 안에 땅 구성물질을 넣는다.
3. 삼각기둥 도면의 끝이 서로 맞닿게 붙인다.
4. 도면의 겉면을 꾸민 후 구멍을 통해 만화경 안을 들여다본다.

만화경을 통해 다양한 땅의 구성물질을 느껴본다.
· 만화경 속이 어떤 모습으로 보이니?
· 어떤 느낌이 드니?, 왜 그런 느낌이 들까?

각 땅의 특징에 대해 이야기를 나누어 본다.
· 텃밭, 모래밭, 돌멩이 땅(아스팔트), 고무블록 등 다양한 땅의 특징에 대해 이야기 나누어 본다.</td></tr>
</table>

활동 방법		
	전개	(아래 표 및 내용)
	결과	(아래 내용)

전개

	아스팔트	모래밭	텃밭	고무블록
땅을 이루고 있는 물질				
땅의 색				
땅의 쓰임				

다양한 땅으로 이루어진 이유에 대해 이야기 나눈다.

· 이 땅은 왜 이런 흙으로 되어 있는 것 같니?

· 이곳이 모래로, 아스팔트로, 고무블록으로 되어 있으면 어떻게 될까?

결과

실험의 결과를 기록하고 실험 결과를 공유한다.

· 땅은 어떤 물질로 이루어졌니?

· 왜 이렇게 땅은 다르게 되어 있을까?

· 땅을 잘 이용하려면 어떻게 해야 할까?

<table>
<tr><td colspan="2">활동명</td><td>움직이는 땅</td></tr>
<tr><td colspan="2">목표</td><td>• 땅이 조금씩 이동하고 있음에 대해 관심을 갖는다.
• 땅의 이동으로 일어나는 지진과 땅의 모양 변화에 대해 알아본다.</td></tr>
<tr><td colspan="2">준비물</td><td>세계지도, 대륙조각, 점토</td></tr>
<tr><td rowspan="2">활동방법</td><td>도입</td><td>세계지도에 나타난 각 대륙을 합쳐 보며, 예전에는 하나의 대륙이었음에 대해 생각해 본다.
· 세계지도를 살펴보자. 몇 개의 대륙이 있니?
· 이 대륙들을 모아본다면 어떻게 될까?
· 끝 부분의 모양이 퍼즐처럼 맞추어지니? 왜 이렇게 맞추어질까?
· 땅이 왜 움직일까?</td></tr>
<tr><td>전개</td><td>점토와 땅의 관련성에 대해 이야기한다.
· 이 점토가 무엇으로 만들어졌을까?
· 이렇게 점토를 쌓으면 어떤 모양이 될까?

점토를 이용하여 땅을 만들고 땅에 미치는 힘에 대해 실험한다.
· 점토를 이용하여 두 개의 땅을 만든 후 땅에 힘을 가했을 때 어떻게 될 것 같은지 예상해 본다.
· 어떻게 하면 점토에 힘을 가하는 것일까? (양쪽 끝에서 안쪽으로 밀기, 양쪽 끝에서 잡아당기기 등)
· 한 사람이 밀면 어떻게 될까?
· 두 사람이 밀면 어떻게 될까?
<table>
<tr><th colspan="2"></th><th>예측하기</th><th>결과</th></tr>
<tr><td colspan="2">한 사람이 밀었을 때</td><td></td><td></td></tr>
<tr><td rowspan="2">두 사람이 밀었을 때</td><td>같은 방향으로 밀 때</td><td></td><td></td></tr>
<tr><td>다른 방향으로 밀 때</td><td></td><td></td></tr>
</table>
</td></tr>
</table>

활동방법	결과	실험결과를 기록하고 공유한다. · 점토를 다양한 방법으로 밀어 보았더니 어떻게 되었니? · 점토의 모양은 왜 변하게 되었을까? · 점토가 땅이라면 어떤 일이 일어날까?

<table>
<tr><td colspan="2">활동명</td><td>지진계 실험하기</td></tr>
<tr><td colspan="2">목표</td><td>• 지진이 발생하는 원리를 알아보고 지진의 정도를 측정할 수 있는 도구를 제작해 본다.</td></tr>
<tr><td colspan="2">준비물</td><td>네임펜, 줄, 줄을 달 수 있는 지지대, 종이, 땅의 역할을 할 판, 지진계</td></tr>
<tr><td rowspan="2">활동방법</td><td>도입</td><td>지진의 정도를 측정할 수 있는 방법에 대해 생각해 본다.
· 땅이 흔들리는 정도를 어떻게 기록할 수 있을까?
· 땅이 흔들리는 곳에서 기록하려면 어떻게 할 수 있을까?</td></tr>
<tr><td>전개</td><td>지진계를 살펴보며 유아들과 지진계의 역할과 기능에 대해 알아본다.
· 이 기계로 어떻게 땅이 흔들리는 것을 기록할 수 있을까?
· 땅이 흔들리면 어떻게 될까?

땅의 역할을 하는 판을 흔들어 지진의 상황을 만들고 지진계를 관찰한다.
· 땅이 흔들리니까 연필이 어떻게 변하니?
· 연필의 흔들리는 정도가 어떻게 달라질까?

다양한 힘의 크기에 따른 지진계의 변화를 기록한다.
· 어떻게 했을 때 가장 많이 움직일까?
· 이렇게 흔드니까 어떻게 되었니?
· 땅이 흔들리는 정도에 따라 어떻게 달라지니?

<table><tr><th></th><th>지진계에 기록된 종이</th></tr><tr><td>5cm 밀었을 때</td><td></td></tr><tr><td>10cm 밀었을 때</td><td></td></tr><tr><td>15cm 밀었을 때</td><td></td></tr></table></td></tr>
</table>

활동방법	결과	실험결과를 공유하고 지진계의 역할에 대해 이해한다. · 땅의 흔들림이 세면 지진계의 흔들림이 어떻게 달라졌니? · 지진계로 어떻게 땅의 흔들림을 기록하였니? · 다른 방법으로 땅의 흔들림을 기록할 수 있는 방법은 없을까?

활동명		집짓기 블록을 이용한 지진 실험
목표		• 땅의 힘이 미치는 영향에 대해 실험을 통해 알아본다. • 지진을 피하기 위한 다양한 방법들에 관심을 가진다.
준비물		다양한 크기와 모양의 집짓기 블록, 땅역할을 하는 판, 자, 활동지
활동방법	도입	지진이 발생했을 때 땅 위에 어떤 영향을 미치게 되는지 이야기를 나눈다. · 지진이 발생하면 어떻게 되니? · 집과 나무들이 어떻게 되었니? · 왜 그렇게 되었을까?
	전개	지진이 발생했을 때 건물마다 미치는 영향이 다름을 실험을 통해 알아본다. · 지진이 발생했을 때 가장 안전한 집은 어떤 집일까? · 어떻게 하면 지진이 생겼을 때 부서지지 않는 집을 지을 수 있을까? 유아들이 예상한 방법들로 블록을 이용하여 집을 지어 본다. 판을 흔들어 건물의 변화를 관찰한다. · 무거운 블록을 이용한 집, 위로 높이 쌓은 집, 아래로 넓게 지은 집, 복잡하게 지은 집, 단순하게 지은 집 등 · 어떻게 지은 집이 가장 빨리 무너졌니? · 어떤 집이 가장 오랫동안 무너지지 않았니? · 무거운 블록이지만 높이 지으면 어떻게 되니? · 테이프로 붙여도 높아지면 어떻게 되었니? · 어떤 집이 지진이 발생했을 때 가장 안전할까?

우리가 지은 집의 모양					
땅을 흔들었을 때 견디는 정도	____초	____초	____초	____초	____초

활동방법	결과	실험결과를 기록하고 함께 공유한다. · 어떤 집이 가장 빨리 무너졌니? · 왜 그런 것 같니? · 지진에도 튼튼한 집을 지으려면 어떻게 해야 하니?

'땅의 힘'의 이해를 돕기 위한 tip

지진이란 지구적인 힘에 의하여 땅속의 거대한 암반이 갑자기 갈라지면서 그 충격으로 땅이 흔들리는 현상을 말한다. 지구 내부는 들끓는 용암이 출렁거리고 있으면서 그 위를 식은 맨틀이라는 땅이 막을 이루고 있는데, 이 맨틀판이 지각변동이나 내부 용암의 움직임으로 인해 깨지게 된다. 이 깨진 판들이 부딪치거나 움직이면서 지진을 일으키게 되는 것이다.

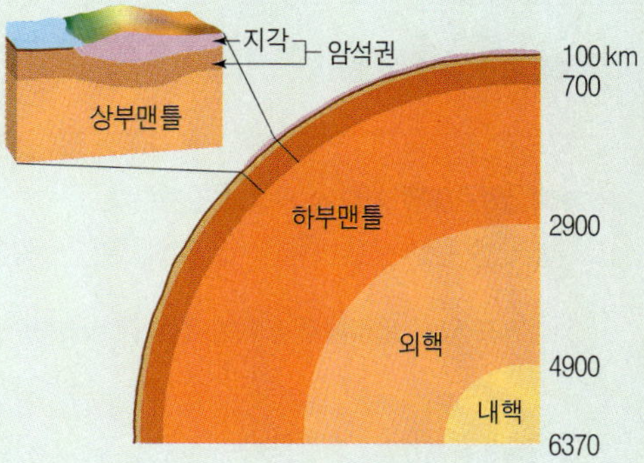

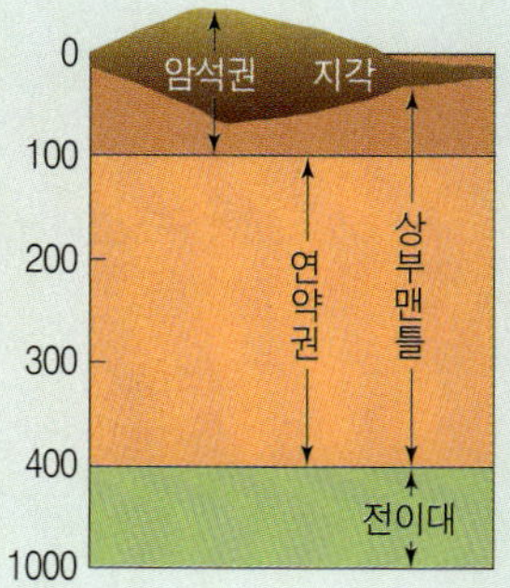

지진을 설명하는 말로 진원과 진앙, 진도라는 용어를 사용한다. 진원이란 암석의 파괴가 일어난 지점으로 깊이의 개념이 포함되어 있다. 지진은 일정한 넓이를 가진 영역에서 일어난 것이라고 할 수 있는데, 그 영역을 진원역이라고 한다. 진원은 진원역 중에서 최초로 지진파가 발생된 점이다. 한편, 진앙은 진원의 바로 위 지표면의 지점이다. 진원지라고 하는 것은 진앙의 지명이다. 진원은 진앙의 위도, 경도와 진원깊이로 나타낸다. 이 밖에 공간적 요소로서 진원거리와 진앙거리가 있는데, 이들은 각각 임의의 관측소에서 진원과 진앙까지의 거리를 말한다.

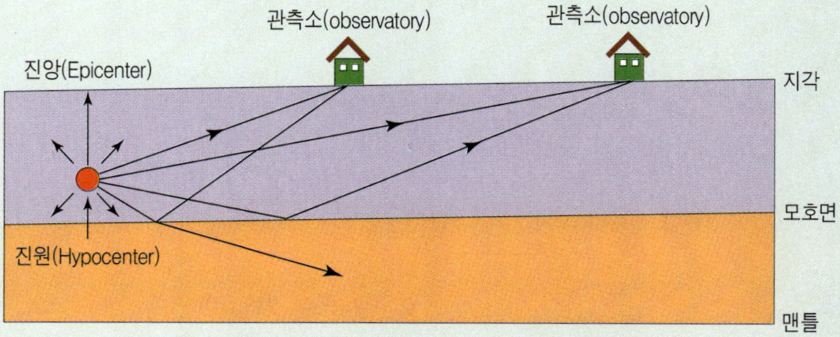

진도는 어떤 장소에 나타난 지진동의 세기를 사람의 느낌이나 주변의 물체 또는 구조물의 흔들림 정도를 수치로 표현한 것으로 정해진 설문을 기준으로 계급화한 척도이다. 그렇지만 지금은 계측기에 의해서 직접 관측한 값을 진도 값으로 채용하는 경우도 많다.

지진의 크기를 나타내기 위해 사용되는 등급기준

지진의 강도와 그 영향		
진도(MM진도)	강도(Intensity)	영향(Effects)
1	기계상 감지 (Instrumental)	지진계와 일부 동물들에 의하여 감지된다.
2	미약 (Feeble)	쉬고 있는 몇몇 사람에 의하여 감지된다.
3	약함 (Slight)	지나가고 있는 트럭에서 느끼는 진동과 비슷하다.
4	보통 (Moderate)	일반적으로 실내에서 느껴진다. 주차된 차가 흔들린다.
5	약간 강함 (Rather strong)	일반적으로 느껴진다. 대부분의 자고 있던 사람들이 깨어난다.
6	강함 (Strong)	나무가 흔들린다. 의자가 넘어진다. 약간의 손상이 있다.
7	매우 강함 (Very strong)	대부분이 놀란다. 벽이 갈라진다. 회벽이 떨어진다.
8	파괴적임 (Distructive)	굴뚝, 기둥, 기념건조물, 약한벽이 넘어진다.
9	대단히 파괴적임 (Ruinous)	땅이 갈라짐에 따라 집들이 무너진다.
10	재해가 남 (Disastrous)	많은 건물들이 파괴된다. 기차 철로가 굽어진다.
11	재해가 심함 (Very disastrous)	남아 있는 건물이 거의 없다. 심한 산사태와 홍수가 난다.
12	커다란 재앙이 남 (Catastrophic)	모든 것이 파괴된다. 땅모양이 변하여 굴곡이 생긴다.

2 장

바람의 힘

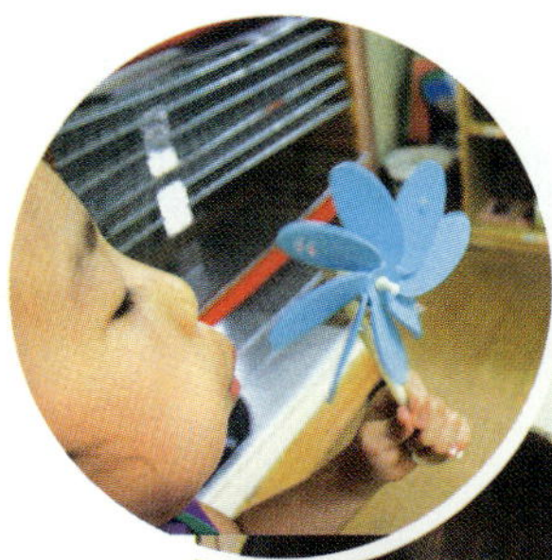

2장 바람의 힘

1. '바람의 힘' 의 교육적 가치

과학이란 자연현상을 이해하고 극복하려는 인간의 노력으로 생겨난 연구 분야이다. 과학의 대상이 되는 자연현상 가운데는 인간의 감각으로 감지할 수 있는 것이 있는 반면, 감각기관의 한계로 인하여 감지가 불가능한 것도 있다. 하지만 인간은 다양한 개념의 습득을 통해 가시적이지 않은 자연현상에 대한 이해도 가능하다. 따라서 우리 주변의 다양한 자연은 어떤 것이라도 과학의 대상이 될 수 있다.

유아과학교육은 주로 동 · 식물에 관련된 피상적인 사실을 가르치거나 날씨, 공기, 색깔 등 주변 환경에 대한 단순한 정보만을 제공하여 유아들로 하여금 익히게 하는데 중점을 두었다. 하지만 이러한 과학교육은 유아의 타고난 호기심과 흥미를 만족시키고 사고를 발달시키는 데에는 한계를 보인다. 따라서 유아의 흥미에 기초한 직접 체험할 수 있는 과학교육이 중요하다. 이러한 관점에서 유아가 항상 접하고 있지만 시각을 통한 관찰이 어려운 '바람' 에 대한 과학교육은 다양한 체험활동을 통해 개념을 익힐 수 있으며 눈에 보이지 않지만 존재하는 대상에 대한 이해를 높일 수 있다. 또한 이러한 바람에 대한 이해는 바람을 구성하는 요소인 공기에 대한 이해를 높이며 이는 초 · 중 · 고등학교의 교과 과정에서도 반복적으로 다루어지므로 매우 중요하다. 눈으로 확인하기 쉽지 않으나 변화 요인들(빠르기, 세기, 방향 등)을 조작하기 쉬워 감각기관을 통한 관찰과 발견을 도울 수 있고 자연현상에 대한 이해를 넓히며 유아의 발달 수준에 적절한 범위

내에서 여러 가지 가능성들을 예측해보고 실험해보도록 함으로써 이해력과 사고력을 증진시키는 데에도 도움이 된다.

바람은 우리의 생활에 밀접한 영향을 미친다. 바람의 힘을 유용하게 사용하면 우리 생활을 편리하게 하고 도움이 되지만 바람의 힘을 잘못 방치하면 이로 인한 재해가 생길 수 있다는 것을 알아보는 것은 자연의 경이로움과 중요성을 이해하는 기회가 된다. 또한 유아들은 다양한 방법을 통한 바람의 활용을 생각해 봄으로써 자연의 힘을 느끼고 그 활용방안을 모색해 보는 창의적 사고의 과정도 경험할 수 있다. 즉, 바람의 힘을 다양한 탐색과 실험을 통해 알아보고 창의적인 해결방안을 마련해보는 것이 교육적으로 크게 의미 있는 일이다.

2. '바람의 힘' 의 과학적 개념

- 바람은 공기의 움직임을 이야기한다.
- 바람은 눈에 보이지 않고 만질 수도 없다.
- 바람의 움직임에 따라 세기, 방향, 빠르기 등이 달라진다.
- 바람은 물체를 이동시킬 수 있는 힘을 가지고 있다.
- 바람에 따라 움직이는 물체를 이용하여 바람의 특성(방향 · 빠르기)을 측정할 수 있다. (풍향계, 풍속계)
- 바람은 우리의 주변에 항상 존재하며 우리의 생활에 큰 영향을 미친다.
- 바람은 우리 생활에 피해를 주기도 한다.
- 바람은 우리 생활에 이로움을 주기도 한다.
- 바람을 유용하게 이용하는 다양한 도구들이 발명되었다.

3. '바람의 힘' 에 대한 발견의 과정

1) '바람의 힘' 느껴보기 (종이가루 날리기와 바람으로 공 굴리기 실험)

실험도구 탐색

실험도구	선풍기(단계별 풍력 조절이 가능한 것), 종이 자른 것(2.5×2.5cm) 많은 양, 벽에 부착할 시트지, 탁구공, 공이 굴러갈 수 있는 통, 통안에 깔 종이 등)

눈에 보이지 않는 바람을 시각화 할 수 있는 방법을 통해 눈에 보이지 않는 바람의 힘을 느껴 볼 수 있는 실험을 준비하여 진행하였다. 유아들은 눈에 보이지 않는 바람을 나뭇잎의 흔들림, 머리카락의 움직임 등으로 이해하고 있었다. 유아들이 바람에 의해 움직이는 사물들을 살펴보고 바람의 힘이라는 변인으로 인해 달라지는 결과를 통해 바람이 존재하며 바람에는 힘이 있음을 좀 더 구체적으로 이해할 수 있도록 하고자 하였다.

발견실험 내용

교사 : 여기 있는 공이랑 종이를 움직이게 할 수 있는 방법이 없을까?

유아 1 : 공을 던져요. 종이도 던지면 될 것 같아요.
아니면 그냥 가지고 갈 수도 있어요. 사람이 움직이면 종이랑 공도 같이 움직여요.

교사 : 너희들이 움직이거나 던지지 않고 움직이게 하는 방법은 없을까?

유아 2 : 바람을 불어요. '후' 하고 불면 날아 갈 수 있어요. 공도 불면 움직일 수 있어요.

교사 : 그럼 더 많은 종이를 움직이게 하려면 어떻게 할 수 있을까?

유아 3 : 바람이 많이 불어요.

교사 : 바람을 많이 불게 하는 방법은 무엇이 있을까?

유아 1 : 선풍기를 많이 틀어요.

교사 : 선풍기는 한 대 밖에 없는데?

유아 3 : 그럼 세기를 다르게 해요.

유아 2 : 강풍 파워!!!~~~

유아들은 물체를 움직이는 힘으로 바람의 힘을 예측할 수 있었다. 바람이 불면 물체를 움직여 줄 수 있을 것이라 예상하였지만 구체적으로 바람의 힘이 어떻게 사물을 움직이게 할 수 있는지는 알지 못했다. 유아들과 바람의 세기를 조절할 수 있는 선풍기를 이용하여 다양한 사물을 움직여 보는 실험을 통해 바람의 세기와 사물의 관계에 대해 알아보았다.

유아 1 : 바람이 세게 불면 종이도 많이 날아가고 공도 멀리 가요.
그리고 바람이 세게 불면 빠르기도 빨라져요.

유아 2 : 종이랑 공이 훽!!!

유아 3 : 처음엔 종이가 움찔움찔 했지만 바람이 세게 부니까 '휙' 하고 날아가 버려요.

바람의 세기에 따라 달라지는 종이의 움직임을 실험하는 모습

바람의 세기에 따른 공의 움직임을 실험하는 모습

발견실험 결과

교사 : 바람의 세기가 세면 어떻게 되었니?

유아 1 : 종이랑 구슬이 움직여요. 많이 날아가고, 멀리 날아가고, 빨리 날아가요.

교사 : 지금은 선풍기지만 이런 바람이 더 많이 모이면 어떻게 될까?

유아 2 : 정말 힘이 센 바람이 될 것 같아요. 토네이도!

유아 3 : 집도 날아가고.. 사람도 100명 휙! 날아가요.

유아 4 : 바람이 정말 힘이 세요.

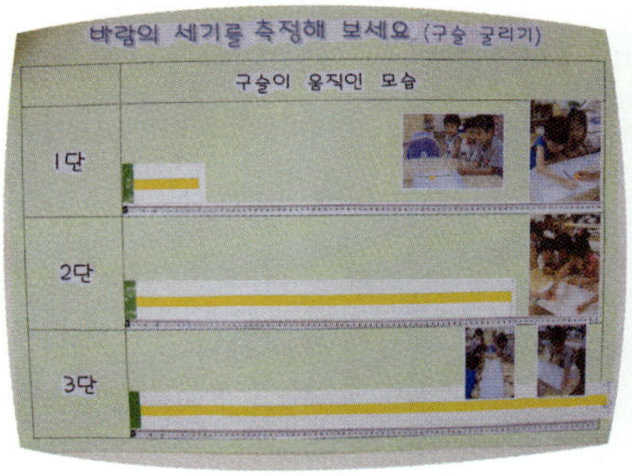

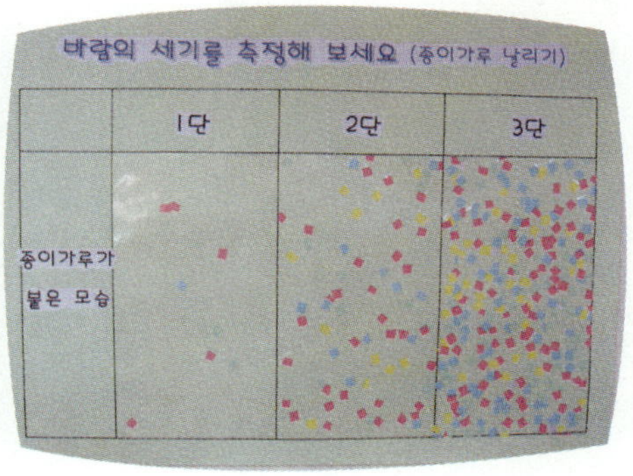

바람의 세기를 실험한 결과물

바람의 세기를 실험하기 위해 종이 가루를 바람의 세기에 따라 날려보고 탁구공을 굴려보았다. 유아들은 눈에 보이지 않는 바람의 세기를 날아가는 종이가루의 양과 탁구공의 움직인 거리를 통해 이해할 수 있었다. 선풍기의 세기가 달라짐에 따라 많은 양의 가루가 붙으며, 탁구공이 멀리 움직이는 모습을 통해 유아들은 바람을 이용하여 물체를 이동시킬 수 있으며, 힘이 물체에 미치는 영향을 이해할 수 있었다. 또한 눈에 보이지 않는 바람이 힘을 가지고 있음을 가시적으로 보이는 결과를 통해 이해할 수 있었다.

또한 유아들은 바람의 힘은 여러 가지 변화(물체의 이동, 빠르기의 변화 등)를 가져올 수 있음을 발견하였고 바람의 힘이 세질수록 변화가 커질 수 있음을 발견하였다.

2) '바람의 힘'이 미치는 영향 알아보기 (버섯바위 만들기 실험)

실험도구 탐색

실험도구	자연현상 변화 사진(버섯바위, 삼릉석 등), 드라이기, 선풍기, 갈색 물감, 면도크림, 넓은 상자

바람의 힘에 대한 실험을 통해 바람이 힘을 가지고 있다는 것을 발견하게 된 유아들은 이러한 바람의 힘이 물체에 미치는 다양한 영향들에 대해 관심을 가지게 되었다. 이러한 과정에서 오랜 시간 바람의 영향으로 모양이 달라지는 자연의 모습을 통해 바람의 힘에 대해 알아보기로 하였다. 바람의 힘에 의해 변화하는 바위의 모습을 실험을 통해 재현해보는 것은 바람의 힘에 대해 좀 더 깊이 있게 느끼도록 하는 기회가 될 것이다. 이에 짧은 시간에 바람에 의한 변화과정을 관찰 할 수 있도록 면도크림으로 바위모양을 구성하고 선풍기, 드라이기와 같은 도구로 바람의 세기를 조절하여 실험을 진행해보기로 하였다.

교사 : 왜 이 바위는 버섯모양처럼 생겼을까?

교사 : 중간은 왜 많이 깎였을까?

유아 1 : 폭탄이 떨어진 것 아니에요?

유아 2 : 누가 와서 옆을 파 갔나 봐요.

유아 3 : 원래 이 바위는 이런 모양이에요. 오징어같이 생겼어요.

발견실험 내용

버섯바위를 처음 본 유아들은 바위의 버섯 형태를 재미있어 하였는데 왜 그런 모양이 되었는지는 쉽게 예상하지 못했다. 바람의 힘에 의한 것임을 소개하자 매우 신기해하였다. 이에 버섯바위의 원리를 알 수 있는 실험을 함께 하였는데 유아들과 먼저 실험을 하기 전 실험결과를 예측해 보는 시간을 가졌다.

교사 : 이 면도크림을 세 가지 방법으로 불어 보면 어떻게 될까?

교사 : 입으로 불어보면 어떻게 될까?

유아 1 : 무너져 버릴 것 같아요.

교사 : 드라이기로 불어 보면 어떻게 될까?

유아 2 : 녹을 것 같아요.

교사 : 선풍기로 불어보면 어떻게 될까?

유아 3 : 날아갈 것 같아요.

교사 : 어떻게 다를 것 같니?

유아 4 : 바람을 세게 불면 더 많이 날아갈 것 같아요.

면도크림과 다양한 세기의 바람을 이용하여 실험하는 모습

교사 : 바람을 불어보니 어떻게 되었니?

유아 1 : 드라이기 바람으로 가까이 가져다 대니 면도크림이 파여요.

유아 2 : 나는 선풍기 바람에 버섯바위가 생길 줄 알았는데.

유아 3 : 입으로 불어도 안 움직여서 신기해요.

교사 : 어디에 바람이 불었을 때 면도크림이 버섯바위 모양이 되었니?

유아 4 : 옆에다 드라이기 바람을 했을 때 제일 많이 파졌어요.

바람의 영향에 의해 암석이 침식되어 다양한 형태의 모양이 되는 과정은 면도크림을 상자에 담고 드라이기로 바람을 불어 면도크림의 변화를 살펴보는 실험으로 알아볼 수 있었다.

발견실험 결과

면도크림 실험을 통해 자연의 단단한 바위도 오랜 시간 동안 바람의 힘을 받아 그 형태가 변화할 수 있음을 알 수 있었다. 또한, 단순히 센 바람이 아니라 특정 방향에서 지속적인 힘을 받아야 가운데가 패인 버섯 형태의 바위가 될 수 있음을 알 수 있었다. 또한 이러한 자연의 변화가 눈에 보이지 않지만 우리와 함께 하는 자연의 일부분인 바람의 힘에 의한 것임을 알게 되었고 눈에 보이지는 않지만 바람의 힘이 우리의 생활에 늘 영향을 미치고 있음을 알 수 있었다.

	입	드라이기	선풍기
면도 크림의 변화	예상되는 결과		
	면도크림이 무너질 것이다. 여럿이 불면 잘 무너질 것이다.	면도크림이 녹아서 흐물흐물해질 것이다. 크림이 움직이지 않을 것이다.	면도크림이 막 파져서 버섯바위가 금방 될 것 이다.
	실제 결과		
	거의 움직이지 않는다. 얼굴이 빨개질 정도 불어도 아주 약간 파일 정도이다.	드라이기 바람을 가져다댔더니 점점 파여서 버섯바위 모양이 되었다.	면도크림이 흔들흔들하지만 모양이 달라지지 않았다.

3) '바람의 힘' 의 특징에 대해 알아보기 Ⅰ (바람개비 만들어 돌려보기)

실험도구 탐색

실험도구	바람개비를 만들 다양한 종이(머메이드지, OHP필름, 하드보드지 등 다양한 두께와 재질의 종이), 중심이 될 수 있는 막대(수수깡, 빨대, 나무막대 등)

바람의 힘에 의해 움직이고 변화하는 물체들을 탐색하면서 유아들은 손쉽게 접할 수 있는 바람을 이용한 물체인 바람개비에 관심이 높았다. 유아들이 바람의 힘을 느껴볼 수 있도록 교실 환경 내에 다양한 바람개비들을 전시하였는데 유아들은 이러한 바람개비들을 직접 돌려보면서 바람개비의 특징에 대해 궁금해 하였고 바람개비의 모양, 재질에 따른 차이들도 궁금해 하였다. 바람의 특징을 좀 더 깊이 있게 이해할 수 있도록 세기가 다른 바람을 통해 움직이는 바람개비의 차이를 발견해 보는 실험을 진행해보았다. 이번 실험에서는 바람의 변인 뿐 아니라 바람개비의 모양, 재질 등에 따른 차이를 발견하는 것이 중요하므로 다양한 종류의 재료를 마련해 주고 자유롭게 바람개비를 구성해 보도록 하였다.

발견실험 내용

유아 1 : 바람개비 만들어 봤는데요,
이런 바람개비들은 처음 봐요. 만들어 본 적 없어요.

유아 2 : 동그란 바람개비에요, 어떻게 만들어요? 꽃같아요.
저 바람개비는 번개같이 생겼어요.

유아 3 : 바람개비 이름은 다른 방향 바람개비에요. 서로 다른 쪽을 보고 있으니까.
엇갈린 바람개비요.

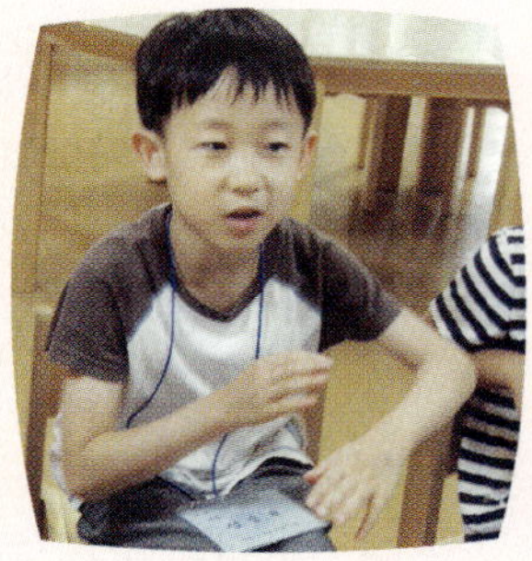

유아 4 : 떨어진 바람개비요. 서로 떨어져 있으니까.
가시 바람개비요.

교사 : 어느 바람개비가 빠를것 같니?

유아 1 : 깃발 바람개비가 더 빠를 것 같아요. 왜냐면 가벼운 날개가 두 개 밖에 없어서 빨리 돌 수 있어요.

유아 2 : 해바라기 바람개비가 더 빠를 것 같아요. 많이 안 접고 조금씩 접어서 더 빠를 것 같아요.

유아 3 : 가운데가 동그라니까 더 빨라요. 동그라미가 더 못을 잘 꽂을 수 있으니까요.

유아 4 : 원래 가벼운 것 보다 날개가 무거운 것이 더 잘 돌거든요. 그리고 투명하기 때문에 잘 돌 것 같아요.

유아 5 : 해바라기 바람개비는 날개가 많아서 더 빨리 움직일 것 같아요,
아주 빠르게. 아니면 힘이 더 세던지요.

유아들은 다양한 재료와 방법으로 바람개비를 만들어보면서 바람에 의해 움직이는 바람개비의 특성을 탐색하였다. 또한 바람의 힘으로 움직이게 되는 물체의 특성과 바람의 세기 등의 관계 등을 바람개비의 다르게 움직이는 모습을 통해 예측해 볼 수 있었다.

발견실험 결과

교사 : 실제로 바람을 쐬니 어떻게 되었니?
유아 1 : 깃발 바람개비가 더 빨리 돌았어요.
역시 날개가 두 개라 빨라요.
유아 2 : 깃발 바람개비가 날개가 무거워서 더 빨리 돌아요.
교사 : 같은 해바라기 바람개비 두 개는 어떨까?
유아 3 : 똑같은 해바라기 바람개비인데 도는 속도가 달라요.
교사 : 왜 그렇지?
유아 4 : 아! 저건 날개가 너무 많아요.
가위로 많이 잘랐어요.
너무 날개 많으면 잘 안 돌아요.
유아 1 : 내 생각엔 마구 접어서 그런 것 같아요. 한쪽으로만 접어야 하는데.
유아 3 : 가운데에 구멍을 뚫지 않아서 그래요. 잘 못 뚫은 것 아니에요?

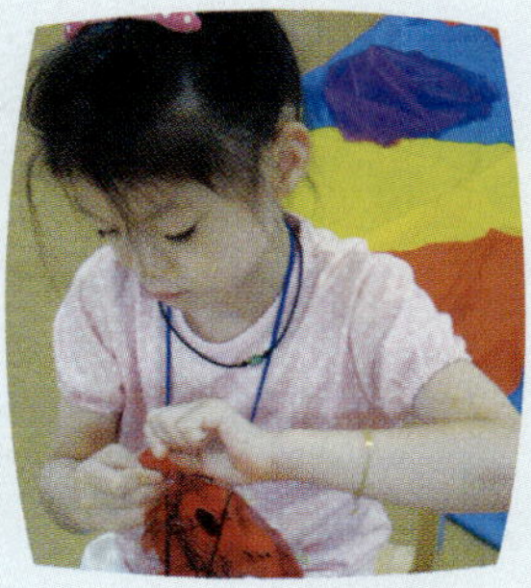

이렇듯 바람개비를 만들어 돌아가는 정도와 빠르기를 비교해 보았다. 평소에 만들어 보지 못한 바람개비라 집중도가 컸고 다양한 비교를 할 수 있었으며 재료가 견고하여 만족스럽게 실험할 수 있었다.

유아 1 : 바람개비가 바람개비이려면 바람을 만나면 잘 돌아야 해요.
유아 2 : 안 돌면 바람개비가 아니야.

유아의 이 말에서 시작한 바람개비 만들기는 좀 더 효율적으로 바람의 특성을 알아보도록 하는 기회가 되었다. 유아들은 다양한 재료와 방법으로 바람개비를 만들어 돌려보면서 바람의 힘에 반응하는 물체의 특성에 대해 관심을 가질 수 있었다. 좀 더 가벼운 재질의 종이와 날개가 분명하게 구성되어 있는 바람개비가 바람에 의해 쉽게 움직이는 것을 발견하였으며 물체의 무게, 모양, 재질(구멍의 유무, 두께의 차이 등)에 따라 바람에 반응하는 결과가 다름을 알 수 있었다.

4) '바람의 힘' 의 특징에 대해 알아보기 Ⅱ (낙하산 만들어 날려보기)

실험도구 탐색

실험도구	낙하산을 만들 다양한 재료(천, 기름종이, 종이, 비닐, 다양한 두께와 재질의 종이

바람개비를 만든 후 체육활동 도구인 대형낙하산으로 바람의 힘을 느껴보았다. 낙하산이 내려오는 모습을 관찰하며 재미까지 더해 즐거운 시간을 보낼 수 있었다. 또한 바

유아 1 : 낙하산이 올라가면 막 부풀어 올라.
유아 2 : 바람이 아주 많이 들어가서 아주 높아져.

유아 3 : 바람 때문에 내려오는 시간이 느려요.
유아 4 : 밑으로 내리면 흐늘흐늘해요.
유아 5 : 바람이 왔다갔다 하는 것 같아요.

유아 1 : 낙하산을 밑에서 보니 바람이 내 머리에 확 닿았다.
유아 2 : 도망가는 것 같아요.
유아 3 : 바람가지고 놀고 싶어요, 재미있어요.
유아 4 : 모두 함께 한숨에 올리면 엄청 높게 바람이 부는데 장난으로 하면 파도가 되요.

람개비뿐 아니라 낙하산을 통해 바람에 의해 움직이는 물체와 바람의 특성들을 시각적으로 보고 느껴보는 시간을 가졌다.

바람개비 실험과 같이 다양한 물체의 특성에 따라 바람에 반응하는 차이를 알아보고 바람의 힘의 작용을 다양한 측면에서 이해할 수 있도록 실험활동을 진행하였다. 유아들이 자유롭게 다양한 재질의 낙하산을 만들어 보았다.

발견실험 내용

교사 : 어떤 낙하산이 가장 늦게 떨어질까?

유아 1 : 비닐이 가장 늦게 내려갈 거예요.
비닐은 가볍고 바람이 들어가니깐 점점 머물다 내려가서요.

유아 2 : 나는 천이 가장 늦게 내려올 것 같아요.
왔다갔다하다가 나중에 내려올 것 같아요.

유아 3 : 신문지 낙하산은 바로 내려올 것 같아요. 확~

유아 4 : 종이로 만든 낙하산은 천천히 내려올 것 같아요.

유아 1 : 기름종이로 만든 낙하산은 예뻐요. 그런데 미끌미끌하네요.
이건 천천히 내려올 것 같아요, 가벼워서요.

유아 1 : 추가 가벼우면 늦게 내려오고, 추가 무거우면 빨리 내려와요.

유아 2 : 천도 너무 가벼워서 가벼우니깐 이렇게 이렇게 천천히 내려와요.

유아들은 교사가 제시한 비닐, 천, 신문지, 두꺼운 도화지, 기름종이로 낙하산을 만들었으며 어느 것이 가장 늦게 내려가는지 실험을 하였다.

유아들은 다양한 재질의 낙하산이 움직이는 모습을 예측하는 과정을 통해 바람의 힘이 물체에 미치는 영향에 대해 알아볼 수 있었다. 낙하산의 재질, 무게, 모양 등에 따른 차이점을 통해 바람이 영향을 미치는 과정을 실험을 통해 발견할 수 있었다.

발견실험 결과

각 재료에 따라 낙하산이 떨어진 시간을 측정하여 게시하였다. 천으로 만든 낙하산이 가장 천천히 내려왔다. 실제 낙하산을 만들어 날려봄으로써 바람에 힘을 받아 날아가는 정도의 차이를 눈으로 확인할 수 있었다.

교사 : 낙하산을 실제로 떨어 뜨렸더니 어떻게 되었니?
유아 1 : 천으로 만든 낙하산이 제일 천천히 떨어졌어요.
유아 2 : 비닐로 만든 낙하산은 빨리 떨어져버렸어요.
유아 3 : 비닐로 만들어서 잘 될 줄 알았는데.
유아 4 : 신문지 낙하산도 바로 떨어졌어요.
유아 5 : 기름종이 낙하산은 신문지 낙하산보다 늦게 떨어졌어요.
유아 3 : 천 낙하산은 진짜 낙하산처럼 모양이 되었어요.
유아 2 : 두꺼운 종이 낙하산도 바로 떨어졌어요.
유아 4 : 천으로 만든 낙하산이 제일 늦게 내려와요.

5) 바람의 힘을 측정하는 도구 알아보기 (풍향계와 풍속계)

실험도구 탐색

실험도구	다양한 재활용품 (투명 플라스틱 컵, 뚜껑, 재활용 상자, 다양한 종류의 종이, 비닐, 끈, 빨대, 수수깡 등), 테이프, 본드, 글루건 등

유아들은 다양한 바람개비와 낙하산 등을 만들어 날려보면서 물체의 특성에 따라 달

라지는 모습뿐 아니라 바람의 세기, 방향 등이 물체가 움직이는 모습에 큰 영향을 준다는 사실을 알 수 있었다. 이러한 과정에서 바람의 세기와 방향을 정확하게 표시할 수 있는 단위에 대해서도 이야기하였으며, 이러한 바람의 세기와 방향을 측정할 수 있는 도구의 필요성에 대해 서로 알게 되었다. 유아들과 바람의 힘을 측정하는 도구를 예측해보고 직접 구성해보면서 바람의 방향과 속도를 직접 경험하고 객관적인 도구를 이용하여 측정해보기 위해 실험활동을 진행하였다.

실험도구는 유아들이 다양하게 예측하고 계획한 풍향계와 풍속계를 구성해 볼 수 있도록 다양한 재활용품 재료를 준비하였으며, 견고하게 만드는 것이 중요하여 본드와 글루건과 같은 접착재료를 이용하였다. 글루건의 경우 유아들이 사용하기에는 위험하여 교사의 도움이 필요하였다.

발견실험 내용

교사 : 바람이 얼마만큼 부는지 어떻게 알 수 있을까?

유아 1 : 뉴스에서 알려줘요.

교사 : 뉴스는 어떻게 알지?

유아 2 : 뉴스 사람들은 기계가 있어서 바람이 강하게 부는지 약하게 부는지 알 수 있어요.

유아 3 : 인공위성이 알려줘요.
인공위성이 지구 모습을 찍어서 보여주면 사람들이 사진을 보고 얘기하는 거예요.

유아 4 : 동서남북 하늘 모습이 다 달라서 바람이 어느 쪽에서 부는지 알 수 있어요.

교사 : 우리는 인공위성이랑 구름을 찍는 사진기가 없는데 어떻게 알 수 있을까?

유아 5 : 바람은 보이지 않지만, 느낄 수 있어요. 가만히 있으면 바람이 솔솔 부는 것을 느낄 수 있어요.

교사 : 그럼 바람의 세기를 눈으로 볼 수 있도록 할 수 없을까?

유아 1 : 해바라기…. 내가 심은 해바라기가 바람이 많이 부니까 흔들렸어요.
나뭇잎이 흔들리는 것을 보고 바람이 부는지 불지 않는지를 알 수 있어요.

유아 2 : 바람이 세게 불면 나뭇잎이 많이 흔들려서 떨어지고, 바람이 불지 않으면 동상처럼 가만히 있어요.

교사 : 나뭇잎, 나뭇가지처럼 바람이 얼마만큼 부는지 알려주는 도구를 만들어 볼 수 있을까?

유아 3 : 네…. 바람이 불면 움직이는 도구를 만들어요.

유아들은 자신들의 생각에 따라 바람의 방향과 속도를 측정할 수 있는 도구를 설계하였고 다양한 재료를 이용하여 구성하였다. 유아들이 구성한 풍향풍속계는 선풍기를 이용해 직접 실험해 보는 과정을 거쳤으며 친구들에게 소개하며 자신들의 생각과 친구들의 생각을 공유하는 시간을 가졌다.

유아 1 : 풍선모양으로 만들어서 바람에 멀리 날아갈수록 바람이 세게 부는 모습이에요.

유아 2 : 종이상자에 날아가는 연을 붙여요.

유아 3 : 연의 꼬리가 멀리 날아가면 바람이 많이 부는 거예요. 바람이 날아가는 방향은 꼬리가 움직이는 방향을 보면 알 수 있어요.

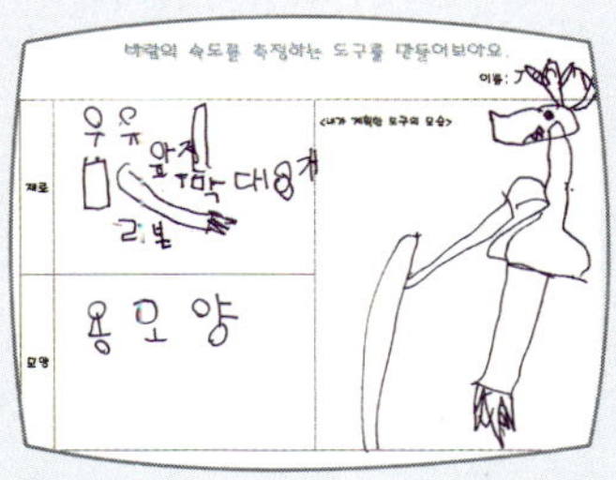

유아 4 : 용모양으로 만들고 싶어요.

유아 5 : 용에 꼬리를 달아요. 바람이 세게 불면 꼬리가 많이 흔들리고 꼬리가 날아가는 방향에 반대가 바람이 부는 곳이에요.

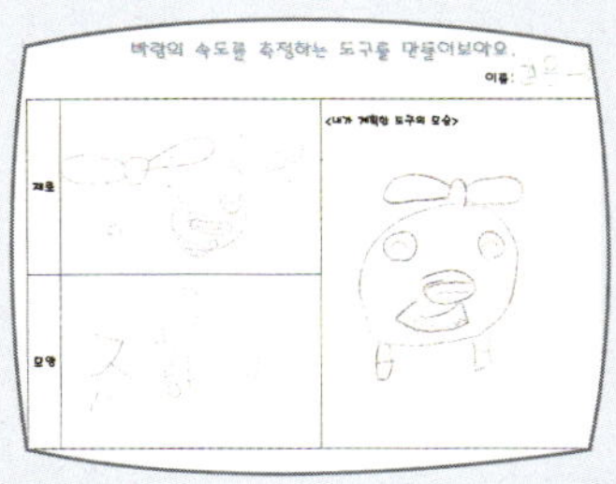

유아 6 : 자동차 모양으로 움직이게 만들어요.

유아 7 : 프로펠러 같은 게 움직이는 것을 보고 바람이 세게 부는 지 알 수 있어요.

유아 8 : 바람이 부는 방향으로 두어야 돌아가요. 그래서 방향을 알 수 있어요.

유아들이 계획한 바람의 방향과 세기를 측정하는 도구 설계도

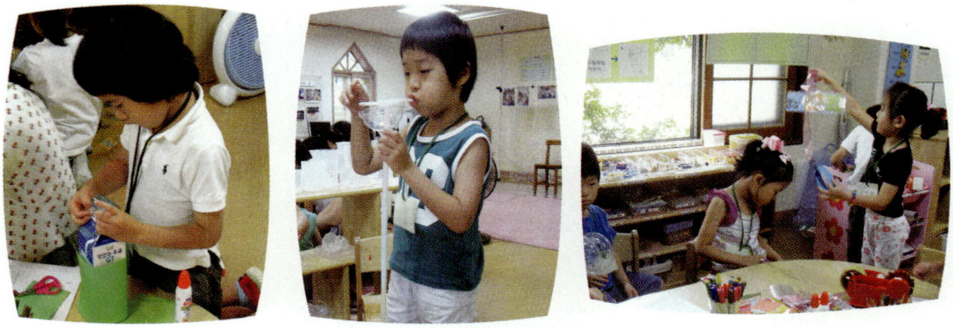

다양한 재료를 이용해 풍향풍속계를 만드는 유아들의 모습

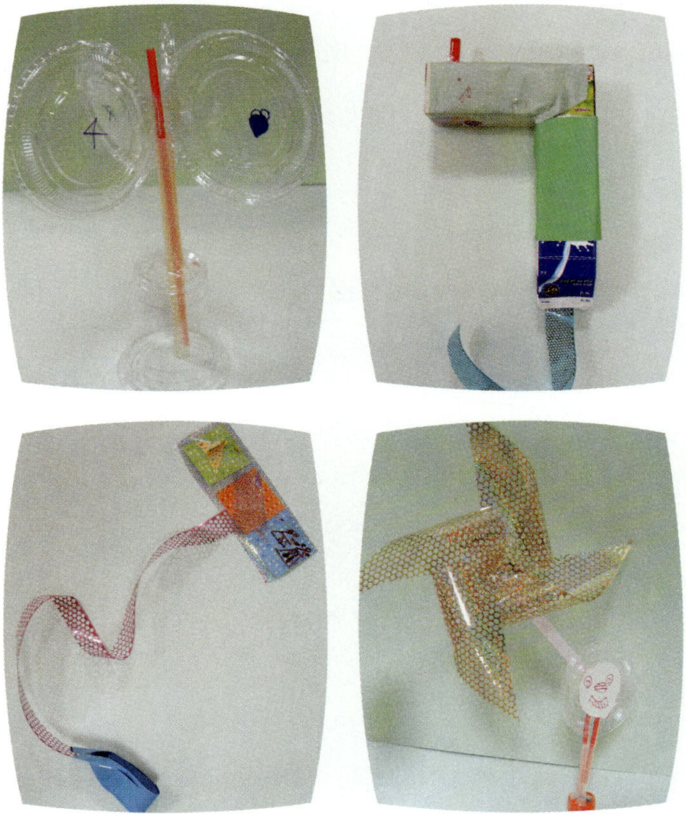

설계도에 따라 유아들이 구성한 풍향풍속계

발견실험 결과

교사 : 너희들이 만든 도구들로 바람의 세기를 어떻게 알 수 있었니?

유아 1 : 바람개비를 만들었는데 바람이 많이 부니까 바람개비가 빨리 돌아갔어요.

유아 2 : 바람개비가 얼마만큼 도는지 보고 알 수 있어요.

교사 : 또 어떤 방법이 있었니?

유아 3 : 연을 만들었어요.
바람이 세게 불면 연이 멀리 날아가요.

유아 4 : 처음에는 붙어 있다가 바람이 불면 점점 멀어지는 것도 만들었어요.
바람이 세게 불면 멀리 움직여요.

유아 5 : 바람이 세게 불면 많이 움직이고 바람이 약하게 불면 움직이지 않아서 알 수 있어요.

교사 : 바람이 부는 방향은 어떻게 알 수 있었니?

유아 1 : 바람이 부는 방향에서 날개가 움직여요.

유아 2 : 조종하는 곳이 있어서, 바람의 방향으로 움직이면 바람개비가 움직이고
그렇지 않으면 움직이지 않아요.

유아 3 : 연이 날아가는 방향을 보면 바람이 부는 방향을 알 수 있어요.

이러한 실험활동을 통해 눈에 보이지 않는 바람의 속도와 방향을 측정하는 것은 유아들에게 큰 도전 과제가 되었으나 눈에 보이지 않는 바람을 가시화하는 과정에서 자연과 물체의 관계들을 이해할 수 있었다. 또한 바람의 힘에 따라 달라지는 물체의 움직임을 통해 눈에 보이지 않는 바람의 세기와 속도를 측정할 수 있는 원리를 이해할 수 있었다.

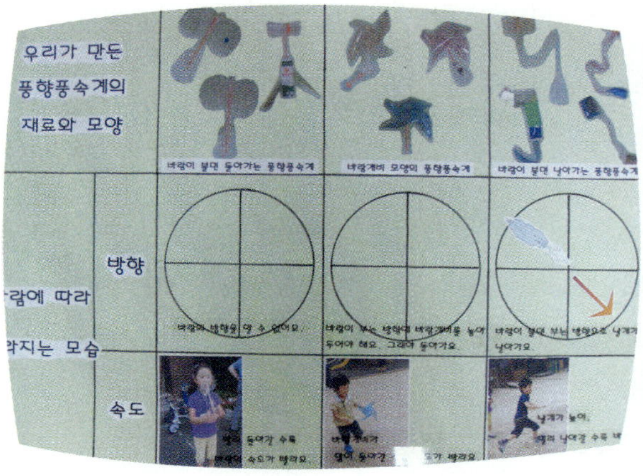

6) '바람의 힘'을 이용한 도구 실험하기 (풍력자동차와 풍력발전기)

실험도구 탐색

실험도구	시판하는 풍력자동차 재료, 풍력발전기 만들기 세트

유아들과 바람에 의해 움직이는 바람개비와 낙하산 등을 만들어 보면서 바람을 이용한 다양한 도구에 대해 알아보게 되었다. 단순히 바람의 힘에 의해 움직이는 것에서 그치는 것이 아니라 바람의 힘으로 인한 움직임을 통해 또 다른 에너지로 변화시키는 도구들에 대해서도 알게 되었는데 유아들의 관심이 높았다. 이러한 도구들은 유아들이 직접 만들어 보기에는 어려움이 있어 시판되는 준비된 재료를 이용하여 만들어 보는 시간을 가졌다. 풍력자동차와 풍력발전기를 유아들이 만들어보기 쉽도록 구성되어진 세트는 평소 접하기 힘든 바람의 원리를 이용한 다양한 도구들에 대한 관심을 높여주었다.

발견실험 내용

먼저 유아들과 준비된 재료를 살펴보며 이러한 도구를 통해 바람의 힘을 어떻게 이용할 수 있는지를 예측해 보는 시간을 가지고 직접 조립하고 작동시켜 보는 실험활동을 진행하였다.

교사 : 바람의 힘을 어떻게 이용할 수 있을까?

유아 1 : 바람만으로 전기가 들어오는 건 힘들어요.
전기를 꽂아서 전기가 통하는 거예요.

유아 2 : 바람이 불면 전깃줄이 움직여요. 그래서 불이 들어와요.

유아 3 : 바람이 많이 불면 토네이도가 생기고 그럼 그 안에서 번개가 생기잖아요.
그래서 불이 들어와요.

유아 4 : 바람이 불면 바람 때문에 자동차가 움직이는 거에요.

유아 5 : 바람이 세게 불면 종이랑 공이 날아갔잖아요. 그것처럼 바람이 세게 불면
자동차가 휙 날아갈 것 같아요.

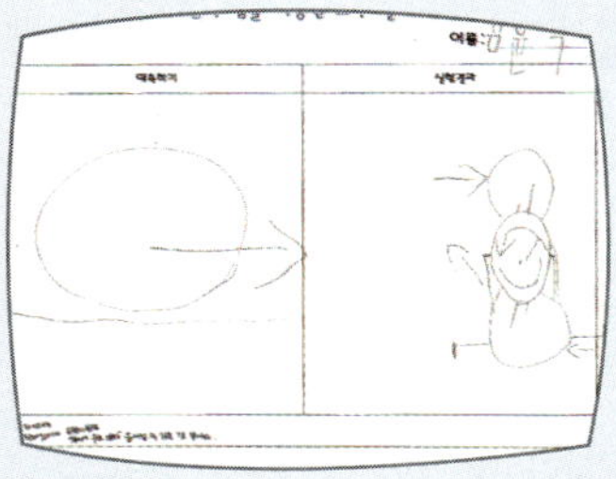

유아 4 : 바람이 불면 그냥 휙 날아가는 줄 알았는데 자동차에 바람이 생기게 하는 날개가 달려서 바람이 불면 반대 방향으로 자동차가 움직이는 거에요

유아 5 : 바람개비 안에 기계가 있어요. 그 기계가 돌아가면서 바람이 불빛으로 변하도록 도와주어요.

교사 : 풍력자동차와 풍력발전기를 만들어 보았는데 어떻게 되었니?

유아 1 : 바람이 바람개비를 돌리고 그럼 바람개비 힘이 전기를 만들어요.

유아 2 : 바람개비가 천천히 돌면 전기가 생기지 않아요. 빨리 돌아가야 전기가 생겨요.

유아 3 : 바람개비 속에 전기랑 연결시켜 주는 기계가 들어있어요.

유아 4 : 바람을 만드는 바람개비가 달린 자동차!!!

유아 5 : 바람이 생기면서 자동차가 앞으로 가요.

유아 6 : 바람이 불어서 가는 게 아니라 자동차에서 바람이 생기면서 앞으로 가요.
자동차에서 생기는 바람이 더 빠르니까.

발견실험 결과

유아들이 이해하기에 다소 어려운 내용이 포함된 에너지 변화의 과정이었지만 유아들은 직접 다양한 도구를 만들어 보고 바람에 의해 변화하는 물질 에너지를 통해 바람의 새로운 특성을 느껴볼 수 있었다.

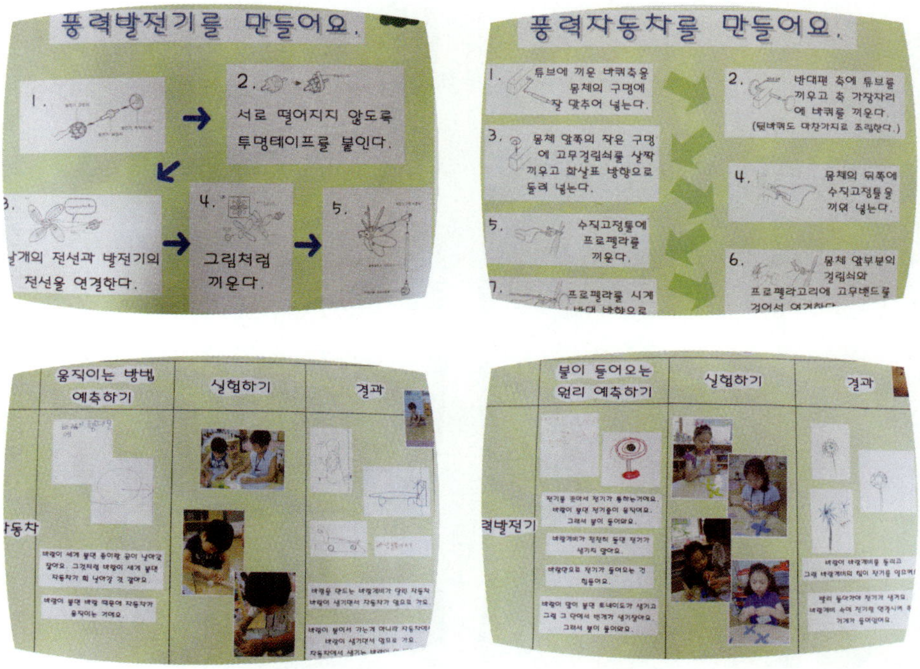

풍력발전기와 풍력자동차를 만드는 과정

바람의 힘은 우리들의 생활에 많은 영향을 미친다. 유아들은 처음 바람의 힘에 대해 알아보는 과정에서 바람이 세서 우리 생활에 미치는 피해들에 대해 더 많은 것을 생각하였다.

다양한 바람의 힘을 이용한 도구를 만들어 보면서 유아들은 바람의 힘이 우리에게 주는 이로움에 대해 생각하였고 이러한 생각들은 발명의 과정에서 바람의 힘을 이용한 도구를 발명하도록 하였다.

직접 만든 풍력발전기와 풍력자동차로 실험을 하는 모습

4. '바람의 힘' 에 대한 발명의 과정

1) '바람의 힘' 에 의한 자연재해를 막고 바람의 힘을 이용할 수 있는 도구 발명하기

발명품 계획하기

다양한 바람의 힘을 실험했던 유아들과 함께 토네이도가 불어 크게 피해를 입는 동영상을 함께 보았다. 처음에는 바람을 막을 수 있는 방법을 다양하게 생각하던 유아들은 더 나아가 막는 것 뿐 아니라 반대로 그 바람의 힘을 사용하여 바람을 이기고 이롭게 할 수 있는 방안을 생각하기 시작하였다.

유아 1 : 바람을 막으려면 아주 튼튼한 벽이 필요해.
유아 2 : 바람 가운데 폭탄을 떨어뜨려서 없애버려.
유아 3 : 바람을 막으려면 단단한 쇠벽보다 커다란 자루에 넣는 것이 날 것 같아.
유아 4 : 망에 넣어서 우주로 날려 버려.
유아 5 : 바람의 방향을 바꿔 버려서 다른 곳으로 날아가게 하면 안될까?
유아 1 : 바람은 힘이 아주 세잖아. 모두 날려버릴 거야. 부셔버리고.
유아 2 : 힘이 아주 세다면 그 힘을 좀 사용해 줄 수는 없을까?

교사 : 어떤 것을 만들면 바람을 막고 사용할 수 있을까?

교사 : 무엇으로 어떻게 만들거니? 설계도를 그려보자.

유아 1 : 기름을 넣고 돌리면 벽돌이 나오고 바람이 들어오면 벽돌로 막아서 못 나오게 해요.

유아 2 : 부들부들해 보이는데 강해요. 안전 장소가 있고 딱딱한 것과 부드러운 것이 같이 있어요. 그래야 안 무너져요. 작은 바람도 만들 수 있어요. 집을 만들어서 바람이 불면 끄떡없어요. 지붕 옆은 날아가지 않는 장치예요.

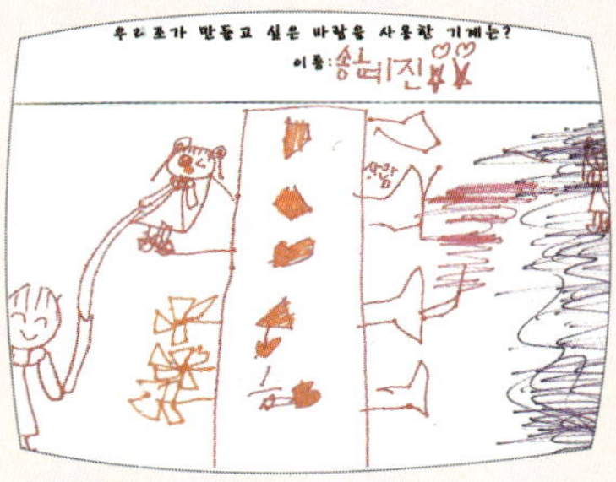

유아 3 : 바람으로 움직이는 기계 안에는 개미가 있어요. 바람이 너무 강해서 딱딱한 기계 안에 개미가 들어간 거예요. 기계에는 바람을 빨아들이는 구멍이 있는데 바람이 너무 많이 불면 구멍이 빨간색으로 변해서 위험하다고 사람들에게 알려줘요.

유아 4 : 로봇은 바람을 막는 곳을 가지고 있어서 바람에 끄떡하지 않아요. 코끼리는 코로 바람을 빨아들이고 용은 불을 뿜어서 바람을 약하게 하고 곰은 바람을 모으는 곳으로 바람을 모아요.

유아 5 : 바람이 너무 세게 불어서 낙하산 밑으로 들어가려고 하는 거예요. 동물 친구들이 낙하산 안으로 들어가면 낙하산이 산처럼 뾰족한 모양(텐트처럼)으로 변해요. 그러면 그 때 동물친구들이 숨을 수 있어요.

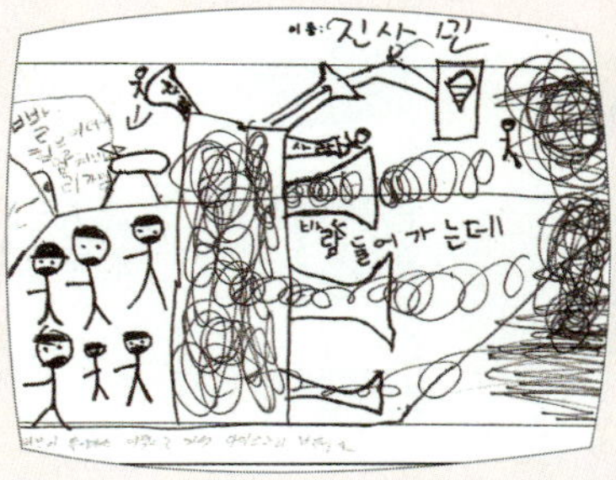

유아 6 : 태풍을 커다란 그물로 묶어서 공장으로 보낼거예요. 공장에서 모아 놓은 태풍이 작아지면 작은 관으로 풀어줘요. 그 관을 통해서 다른 일에 쓰여요.

유아 7 : 그물에 구멍을 막아서 태풍이 어디로 나가야 할지 몰라요. 큰 돌을 매달아서 움직이지 못해요. 고정 시키고 조금씩 힘을 빼서 기계를 돌리는데 써요.

유아 8 : 부들부들한 천으로 바람을 막아요. 펄럭거리는 천으로 막고 튼튼한 벽돌로도 두 번 막아줘요. 단단한 것과 부드러운 것 모두 다 필요해요.

발명품 발명하기

유아들의 의견을 모아 복합적인 기계를 만들기로 계획하였다. 불어오는 바람의 힘을 사용한 아이스크림 만드는 장치와 바람을 넣어 폭파시키는 장치, 바람의 세기와 방향을 알 수 있도록 하는 바람개비와 장치 등이 함께 고안되었다. 바람을 빠져나가지 못하게 하는 방패그물과 바람을 먹는 공룡기계도 배치되었다. 낙하산을 사용하여 동물 대피소와 부들부들한 막을 만들었다.

이러한 유아들의 발명품은 실제로 사용할 수는 없었지만 유아들이 바람의 힘에 대한 특성을 이해하고, 피해를 줄이고 이롭게 사용할 수 있는 다양한 방법들에 대해 계획해 봄으로써 과학적 개념과 창의적 사고를 기르는 것에 도움이 되었다.

발명품의 각 부분을 구성하고 있는 유아들

무서운 토네이도 바람을 막아내고 막아낸 바람을 이용해 이롭게 쓰는 장치를 고안하였다. 바람을 막는데 그치지 않고 가두어 없애거나 관을 통과하게 하여 다른 힘으로 사용하고 바람의 세기나 방향을 측정하게 하였다.

유아 1 : 바람이 얼마나 센지 알 수 있도록 바람이 들어오면 셀수록 통 위로 공이 솟아요.

유아 2 : 통에 숫자를 써서 얼마만큼 센지 알아볼 수 있어요.

유아 3 : 바람을 얼마만큼 쓸 수 있는지도 자로 재어서 숫자로 확인해요.

유아 4 : 바람의 힘으로 아이스크림을 만들어요.

유아 5 : 바람의 힘으로 바람을 없애는 기계가 돌아가게 만들어요.

유아들은 바람의 다양한 힘에 대해 실험을 해 보았고 이를 토대로 바람이 큰 힘을 가지고 있고 방향과 세기가 있으며 큰 피해를 줄 수도 있지만 이를 이용하여 생활에 이롭게 사용할 수도 있다는 것을 이해하게 되었다.

발명품을 계획할 때도 단순히 재해를 막기 위한 바람막이뿐 아니라 그 바람의 힘을 역으로 받아 사용하여 다양한 장치를 통해 바람의 힘을 이용하여 도움을 주는 장치를 구상하여 발명할 수 있었다.

2) '바람의 힘'을 이용한 우리의 생활을 편리하게 하는 도구 발명하기

발명품 계획하기

바람의 힘에 대해 알아본 유아들은 바람에 의한 자연재해를 막아주는 발명품뿐 아니라 바람이 주는 이로움을 발전시킬 수 있는 도구를 발명해 보기를 원하였다. 유아들과 바람의 이로움을 이용할 수 있는 또 하나의 발명품을 만들기 위해 계획하는 시간을 가졌다.

교사 : 바람은 우리에게 어떤 영향을 주었니?
유아 1 : 바람이 세게 불면 집도 날아가고 사람들도 날아가요.
그리고 나무가 뽑히기도 해요.
유아 2 : 바람이 너무 세게 불면 안 좋아요.
교사 : 바람은 나쁜 일들만 일어나게 할까?
유아 3 : 아니요, 바람이 조금만 불면 좋은 일들도 생겨요.
교사 : 어떤 일들이 생기니?
유아 4 : 좋은 일들도 생길 수 있어요.
유아 1 : 우리가 만들었던 풍력발전기랑, 풍력자동차는 바람이 있어서 좋은 거예요.
유아 2 : 바람이 돌아서 자동차도 움직이고 불도 들어오잖아요.
교사 : 그럼 우리도 바람의 힘을 이용한 도구들을 발명할 수 있을까?
유아 3 : 네!
교사 : 어떤 것들을 발명하고 싶니?

유아 4 : 자동차요….

작은 거 말고 우리가 진짜 타고 갈 수 있는 거요.

유아 5 : 아빠가 그러는데 기름값이 비싸데요….

그러니까 바람으로 가는 자동차를 만들면 좋을 것 같아요.

유아 3 : 그리고 집도 만들어요.

교사 : 어떤 집을 만들고 싶니?

유아 1 : 바람이 불어서 좋은 집이요….

유아 2 : 바람이 불면 바람개비가 돌아가고….

바람개비가 선풍기처럼 되어서 집도 시원해지면 좋겠어요.

가끔은 바람을 타고 날수도 있어요.

유아 4 : 비행기가 필요없을 것 같아요.

유아들이 함께 설계한 바람을 이용한 자동차와 집의 설계도

발명품 발명하기

재료수집하기

유아 1 : 우리가 지금 집을 만들 수 없으니까….

유아 2 : 그냥 집에 만들어요. 궁전에 있는 집이요.

유아 3 : 거기다 바람개비를 만들어요.

유아 1 : 진짜로 날아가는 집을 만들 수는 없지만….

유아 3 : 나중에 내가 어른이 되면 진짜 날아가는 집을 만들 거예요.

유아 4 : 자동차는 직접 만들어요.

유아 3 : 나무로 자동차를 만들어서…. 바퀴를 달아요.

유아 4 : 커다란 바람개비를 달아서 자동차가 빨리 갈 수 있게요..
그리고 자동차가 움직이면서 바람개비가 돌면 자동차도 시원하겠어요.

유아 5 : 자동차를 만들 나무랑 바람개비를 만들 큰 종이같은 것이 필요해요.

유아 4 : 그리고 자동차를 칠할 페인트도요..

유아 1 : 우리가 탈 수 있는 자동차니까 이만큼 큰 나무가 있어야 해요.
그리고 바람개비 크기는 이정도….

여러 가지 재료를 탐색하며 발명품 재료를 찾는 유아들

발명품 구성하기

바람의 힘을 이용한 집

우와! 진짜 큰 바람개비예요….
우리가 얼굴이 보여서 더 재미있어요.
우리가 만들었던 풍향풍속계도 달아서 집을 꾸며주어요.
더 멋진 집이 되었어요.

바람의 힘을 이용한 자동차

바람개비에 바람이 불면 바람개비가 돌아가면서 자동차도 멋지게 달릴 수 있을 것 같아요.
정말 시원하고 씽씽 멋진 자동차가 발명되었어요.
기름값이 비싼데 이제는 바람만 불면 자동차를 움직일 수 있어요.

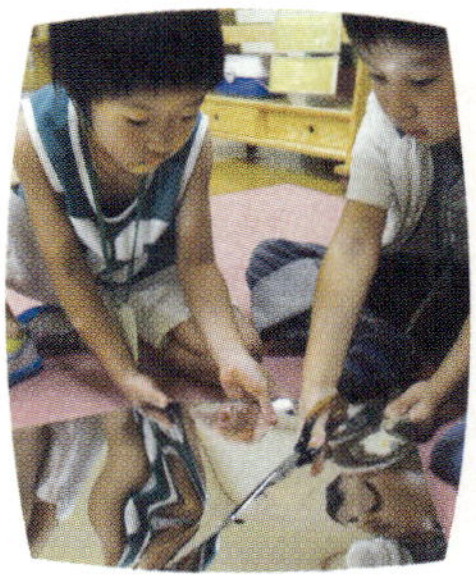

발명품을 만들어 가는 모습

바람을 완성된 이용한 집과 자동차의 모습

5. '바람의 힘'에 대한 전시회 및 평가

유아들은 다양한 재료와 방법을 이용하여 발명품을 만들어 보았다. 비록 직접 바람을 막아주거나 바람에 의해 날아가고 앞으로 나아가는 자동차는 아니지만 여러 가지 원리들을 실험을 통해 발견하고 자신들이 발견한 결과들을 함축하여 만든 발명품인 만큼 유아들의 성취감이 높았다. 유아들이 만든 발명품을 가지고 친구들과 소개하고 공유하는 시간을 가졌다.

유아의 발명품을 전시회에서 소개하는 모습

교육계획안

<table>
<tr><td colspan="2">활동명</td><td>바람의 세기를 측정해 보세요</td></tr>
<tr><td colspan="2">목표</td><td>• 바람의 특성을 이해할 수 있다.
• 바람의 세기에 따라 달라지는 모습을 관찰하고 바람의 세기를 측정한다.</td></tr>
<tr><td colspan="2">준비물</td><td>선풍기(1~3단까지 바람의 세기를 변화시킬 수 있는 것), 종이가루, 구슬,
바람에 날리는 종이가루를 붙일 수 있는 시트지, 자</td></tr>
<tr><td rowspan="2">활동방법</td><td>도입</td><td>바람이 불 때 발생하는 변화에 대해 이야기를 나누어 본다.
· 바람이 부는 것을 느껴본 적 있니?
· 바람이 부는 것을 어떻게 알 수 있었니?
· 바람이 불면 어떤 것들이 달라지니?</td></tr>
<tr><td>전개</td><td>바람의 세기를 측정해 볼 수 있는 방법에 대해 이야기 나누어 본다.
· 바람의 세기를 눈에 볼 수 있도록 기록 할 수 있는 방법이 없을까?
· 바람의 세기에 따라 달라지는 것을 이용하여 바람의 세기를 측정해 보자.

바람의 세기에 따라 종이가루, 구슬 등이 움직이는 모습을 측정한다.
· 종이가루가 어떻게 변했니? 바람의 세기에 따라 어떻게 달라졌니?
· 왜 이렇게 된 것 같니?
· 바람이 불어서 구슬이 어떻게 되었니?
· 구슬이 왜 이렇게 움직인 것 같니?</td></tr>
</table>

	선풍기 1단의 세기	선풍기 2단의 세기	선풍기 3단의 세기
종이가루가 붙은 모습			

<table>
<tr><td rowspan="2">활동방법</td><td>전개</td><td>

	선풍기 1단의 세기	선풍기 2단의 세기	선풍기 3단의 세기
구슬이 움직인 모습			

바람의 세기가 우리의 생활에 미치는 영향에 대해 이야기 나눈다.
· 바람이 아주 세게 불면 우리들은 어떻게 될까?
· 세게 부는 바람을 이용해서 할 수 있는 일들이 없을까?</td></tr>
<tr><td>결과</td><td>실험의 결과를 기록하고 실험결과를 공유한다.
· 바람의 세기를 측정해 보니 어떻니?
· 왜 이렇게 바람은 다르게 부는 걸까?
· 바람의 세기를 잘 이용하려면 어떻게 해야 할까?</td></tr>
</table>

활동명		풍향계, 풍속계 만들기
목표		• 바람의 방향과 속도를 구분할 수 있다. • 풍향풍속계를 만들어 바람의 방향과 속도를 측정할 수 있다.
준비물		풍향풍속계, 옛 풍향풍속계 그림, 사진, 빨대, 투명플라스틱 컵, 종이, 필기도구, 활동지
활동방법	도입	바람에도 방향과 속도가 있음을 이야기 나눈다. · 바람이 부는 것을 어떻게 알 수 있었니? · 바람이 불면 나뭇가지, 물줄기 등이 어떻게 되었니? · 왜 그렇게 되었을까? · 바람의 방향을 어떻게 알 수 있을까? / 바람의 속도는 어떻게 알 수 있을까? · 바람의 방향을 우리가 알려면 무엇이 있으면 좋을까? · 바람의 속도를 알려면 무엇이 있으면 좋을까?
	전개	바람의 방향과 속도를 측정할 수 있는 방법에 대해 이야기 나눈다. · 바람의 방향과 속도는 어떻게 측정해 볼 수 있을까? · 바람의 방향과 속도를 눈에 보이게 하려면 어떻게 해야 할까? 유아들이 예상한 방법들로 풍향풍속계를 만들어 본다. 다양한 방향에서 바람을 불게 하여 풍향풍속계로 직접 측정해 본다. · 바람이 불어서 풍향풍속계가 어떻게 되었니? · 풍향계가 이렇게 움직이면 바람이 어디서 불어오는 거니? · 풍속계가 이렇게 움직이면 속도가 어떻다는 거니? · 어떻게 만든 풍향, 풍속계가 가장 바람의 방향과 속도를 잘 측정할 수 있었니? · 풍향풍속계를 잘 돌아가게 하려면 어떻게 해야 할까?

<table>
<tr><td rowspan="2">활동방법</td><td>전개</td><td>
<table>
<tr><td colspan="2">우리가 만든 풍향풍속계의 모양과 재료</td><td></td><td></td><td></td><td></td></tr>
<tr><td rowspan="2">바람에 따라 달라지는 모습</td><td>방향</td><td></td><td></td><td></td><td></td></tr>
<tr><td>속도</td><td></td><td></td><td></td><td></td></tr>
</table>
</td></tr>
<tr><td>결과</td><td>실험결과를 기록하고 함께 공유한다.
· 어떻게 바람의 방향을 측정할 수 있었니?
· 어떤 것으로 만든 풍향계가 가장 잘 돌아갔니?
· 바람의 방향을 이용할 수 있는 것이 무엇이 있을까?
(행글라이더, 비행기, 기구 등)</td></tr>
</table>

<table>
<tr><td colspan="2">활동명</td><td>바람의 힘으로 만들어요</td></tr>
<tr><td colspan="2">목표</td><td>• 바람의 힘을 이용하는 방법에 대해 알아본다.
• 바람의 힘이 우리의 생활에 미치는 영향에 대해 이해한다.</td></tr>
<tr><td colspan="2">준비물</td><td>풍력자동차, 풍력발전기 조립 모형, 활동지</td></tr>
<tr><td rowspan="2">활동방법</td><td>도입</td><td>바람에도 힘이 있음을 이야기 나눈다.
· 바람이 세게 불면 어떤 것들이 달라지니?
· 바람에도 힘이 있다고 생각하니?
· 바람의 힘으로 만들 수 있는 것은 무엇이 있을까?</td></tr>
<tr><td>전개</td><td>바람의 힘을 이용한 도구들을 소개한다.
· 풍력자동차, 풍력발전기를 보니까 어떤 생각이 드니?
· 이런 것들이 바람의 힘으로 어떻게 달라질 것 같니?
· 바람의 힘이 어떤 영향을 미칠 것 같니?

유아들과 함께 풍력자동차, 풍력발전기를 만들어 본다.
· 바람이 불어서 풍력자동차가 어떻게 되었니?
· 풍력자동차가 어떻게 움직이게 되었니?
· 풍력발전기에는 어떻게 불이 들어오게 된 것 같니?
· 바람의 힘으로 만들 수 있는 것은 어떤 것들이 있을 것 같니?
· 친구들의 생각과 나의 생각이 어떻게 달랐니?
· 왜 그렇다고 생각하니?

<table><tr><th></th><th>움직이는 방법 예측하기</th><th>실험하기</th><th>결과</th></tr><tr><td>풍력자동차</td><td></td><td></td><td></td></tr></table></td></tr>
</table>

<table>
<tr><td rowspan="2">활동방법</td><td>전개</td><td>

	불이 들어오는 원리 예측하기	실험하기	결과
풍력발전기			

바람의 힘을 이용할 수 있는 것 생각해 보기

</td></tr>
<tr><td>결말</td><td></td></tr>
</table>

<table>
<tr><td colspan="2">활동명</td><td>버섯바위는 어떻게 생길까? (바람의 침식 작용)</td></tr>
<tr><td colspan="2">목표</td><td>• 바람의 힘에 의한 침식작용을 관찰할 수 있다.
• 바람의 힘에 의한 자연환경의 변화에 관심을 갖는다.</td></tr>
<tr><td colspan="2">준비물</td><td>자연현상 변화 사진(버섯바위, 삼릉석 등) 드라이기, 갈색 물감, 면도크림, 넓은 상자</td></tr>
<tr><td rowspan="3">활동방법</td><td>도입</td><td>바람의 힘으로 인해 암석의 변화가 일어난 자연현상을 보며 이야기 나눈다.
· 삼릉석 사진을 보여준다.
· 왜 이 돌은 이렇게 모서리가 다 깎였을까?
· 버섯바위 사진을 보여준다.
· 왜 이 바위는 버섯모양처럼 생겼을까?
· 중간은 왜 많이 깎였을까?

이와 같은 원인에 대해 추측해 보고 실험을 준비한다.
 </td></tr>
<tr><td>전개</td><td>버섯바위의 원리를 알 수 있는 실험을 함께 해본다.
· 여기 무엇이 준비되어 있니? (면도크림, 드라이기, 선풍기)
· 면도크림에 물감을 넣어 갈색으로 변화 시킨 후 충분한 높이로 면도크림을 쌓아 올린 뒤 드라이기로 바람을 불어 변화를 살펴본다.</td></tr>
<tr><td>결말</td><td>바람에 의해 변화한 결과에 대해 이야기 나눈다.
· 바람을 불어보니 어떻게 되었니?
· 어디에 바람이 불었을 때 면도크림이 버섯바위 모양이 되었니?
· 버섯바위 모양을 보니 어떤 생각이 드니?</td></tr>
</table>

<table>
<tr><td rowspan="2">활동방법</td><td rowspan="2">결말</td><td>· 이것을 이용하여 무엇을 하면 재미있을까?
· 이것을 이용하여 무엇을 만들면 사람들에게 이롭겠니?</td></tr>
<tr><td>

	입	드라이기	선풍기
면도크림의 변화			

</td></tr>
</table>

'바람의 힘' 의 이해를 돕기 위한 tip

바람의 정의

바람이란, 기압의 변화, 사람과 기계에 의한 공기의 움직임을 이야기 한다. 바람은 풍향, 풍속 등으로 나타낸다. 풍향은 바람의 방향으로 남북방향을 기준으로 한 16방위로 남동풍, 북동풍 등으로 표시할 수 있다. 풍속은 바람의 속도로 단위시간당 이동하는 공기의 속도이다. 바람은 그 정도에 따라 다양한 이름을 갖는다. 예를 들어 남실바람이란 얼굴에 바람이 느껴지고 나뭇잎이 살랑일 정도로 부는 바람을 말한다. 건들바람이란 흰 파도를 일으키고 작은 나뭇가지를 흔들릴 정도의 세기 바람이다.

바람에 의한 피해와 피해를 줄이기 위한 노력들

바람은 눈에 보이지 않는 것으로 유아들이 바람의 힘을 느끼기 쉽게 하기 위해서는 바람에 의한 재해를 예로 들 수 있다. 바람에 의한 재해에는 건축물의 파괴, 수목 파손, 선박의 유실이나 전복 등과 같은 직접적인 것과, 눈 등이 바람에 날려서 많이 쌓이거나 황사 · 매연의 확산, 화재의 연소, 풍화현상 등과 같은 간접적인 것이 있다. 이에 대한 대책으로 강풍지대의 경우 건물의 강도를 크게 하는 한편 지하에 피난실을 설치하고, 방풍림이나 방사림을 설치하는 등의 장기적 방법과 일기예보나 폭풍경보를 이용하여 사전 조치를 강구하는 일시적인 것을 생각할 수 있다. 바람에 의한 재해를 통해 바람의 힘을 느껴보는 것과 동시에 바람의 힘을 우리의 일상생활에서 바르게 이롭게 사용하는 방법도 알아볼 수 있다.

바람을 생활에 이용한 사례들

바람을 생활에 가장 잘 활용하고 있는 것은 새이다. 새는 날개를 치면서 나는 것 외에, 날개를 전혀 움직이지 않고도 오랫동안 공중을 날 수 있는데, 이것은 글라이더가 나는 것과 같은 원리이다. 소나무의 꽃가루와 같이 작고 가벼운 꽃가루들은 2개의 공기주머니에 의해서 바람을 타고 200km나 떨어진 곳까지 날아가는 것도 있다. 씨를 퍼뜨릴 경우에도 꽃가루와 마찬가지로 작고 가볍기 때문에 멀리까지 날아가는 경우와, 민들레와 같이 솜털 모양의 비행기관을 가지는 것, 소나무씨(잣)와 같이 날개가 있는 것 등이 있다. 바람을 이용한 범선(帆船)은 기원전 4500년경 이미 이집트에서 사용되었다. 그러나 그 후 범선은 점차 쇠퇴하고, 현재는 레저용 요트가 범선의 명맥을 유지하고 있다. 한편

풍차는 옛날에 인도나 중국 등에서 탈곡이나 소금을 만들기 위해 물을 끌어올리는 도구로서 사용되었고 현재는 전력의 공급이 곤란하고 바람이 강한 외딴 섬이나 산악지대 등에서 좁은 범위의 발전용으로 사용된다. 비행기는 바람을 이용하는 대표적인 것이다. 열기구, 낙하산, 행글라이더도 바람을 이용해서 먼 거리를 난다. 이렇듯 바람의 힘을 효과적으로 사용하면 우리의 생활에 큰 도움이 된다.

3 장
물의 힘

3장 물의 힘

1. '물의 힘'의 교육적 가치

우리가 살고 있는 지구의 표면은 70%의 물로 구성되어 있으며 유아는 일상생활에서 물과의 경험을 하며 지낸다. 물로 인해 우리는 태풍과 집중호우, 장마 등의 자연재해를 입기도 하고 물의 힘을 사용해 댐 등을 건설하여 생활을 편리하게 하기도 한다.

유아들은 물의 힘에 대해 실제 생활에서 혹은 영상매체를 통해 직·간접적으로 다양한 경험을 하게 된다. 실체가 있고 직접 만져볼 수 있는 물을 실험하는 과정을 통해 대·소근육뿐 아니라 여러 감각기능을 발달시킬 수 있으며 유아 간 과학적 상호작용을 촉진시킬 수 있다. 유아들은 물의 힘에 대해 다양한 각도로 가설을 세워 실험하고 결과를 검증하는 과정을 통해 과학적인 원리를 이해할 수 있다. 또한 물의 힘에 의해 나타나는 자연현상에 대해 의문점을 갖고 깊이 있게 탐색하는 과정을 통해 과학적 태도와 소양을 기를 수 있다.

유치원 교육현장에서 물과 관련된 활동은 다른 주제와 통합하여 '물감 섞어보기', '물에 뜨고 가라앉는 것' 등으로 과학영역에서 단편적으로 실시되거나 '여름' 주제와 관련하여 물놀이를 실시함으로써 기초적인 물의 특성이나 놀이 자체의 흥미로 만족하는 경우가 많다. 즉, 하나의 주제로서 심도 있게 다루어지는 경우가 드물다. 따라서 흥미 있는 자연현상과 과학적인 원리에도 불구하고 비중이 적게 다뤄지는 물이라는 주제를 과학주제로 선정하여 유아들이 물에 관련된 원리와 특성, 과학적 지식의 구성방법을 알아보고 기록을 통해 유아들의 사고과정이 어떻게 전개, 변화, 확장되었는지를 알아보는 것에 의의가 있다.

유아들에게 물의 힘에 의한 자연현상과 재해는 뉴스나 직접적으로 볼 수 있는 일상적인 현상임에도 불구하고 이에 대한 이해와 교육은 미흡한 상태다. 그러므로 다양한 물의 힘에 대한 실험을 통해 자연현상과 그에 따른 영향을 이해하고 대처하는 방법을 알아보고자 한다.

2. '물의 힘' 에 대한 과학적 개념

- 물체 중에는 물에 뜨는 것도 있고 가라앉는 것도 있다.
- 물체의 크기에 따라 물체의 부력이 달라진다.
- 물체의 무게에 따라 물체의 부력이 달라진다.
- 물이 누르는 힘을 수압이라고 한다.
- 물의 세기에 따라 받는 힘이 달라진다.
- 물이 높은 곳에서 낮은 곳으로 떨어지면서 생기는 힘을 수력이라고 한다.
- 물이 밀어 올리는 힘을 부력이라고 한다.
- 물이 믈체를 밀어 올리는 힘이 그 물체의 밀도와 균형을 이룰 때 그 물체는 물에 뜬다.
- 물체의 밀도가 물보다 높아서 부력보다 크다면 그 물체는 가라앉는다.
- 물이 떨어지는 높이에 따라 물의 세기는 달라진다.
- 물체가 뜨고 가라앉는 것은 부피에 따라 다르다.
- 물 위로 물체를 이동시키거나 무거운 것을 쉽게 나를 수 있다.
- 물은 에너지를 가지고 있다.
- 물의 힘은 우리 생활에 다양한 영향을 미친다.
- 물의 힘을 다양한 방법으로 우리 생활에 유용하게 사용할 수 있다.

3. '물의 힘'에 대한 발견의 과정

1) 물의 양과 시간과의 관계 생각해 보기 (홍수 실험)

홍수의 원리를 알기 위해 많은 양의 비가 오랜 시간 동안 내릴 경우에 대해 살펴보았다. 유아들은 물뿌리개와 양동이에 같은 양의 물을 넣고 일정한 시간 동안 부어 봄으로써 물의 힘이 미치는 영향을 비교해 볼 수 있었으며, 시간이 흐르면서 늘어난 물이 아크릴 박스 속 모형들에게 미치는 변화를 관찰하고 기록하면서 물의 힘에 대해 이해해 보았다.

실험도구 탐색

실험도구	물뿌리개, 샤워기, 양동이, 물, 모래, 스티커, 네임펜, 플라스틱 인형 모형, 플라스틱 박스, 활동지, 필기구

홍수와 관련된 동영상과 기사를 보면서 유아들과 함께 홍수에 대한 사전 경험, 홍수에 의한 피해 등에 대해 이야기를 나누어 보았다.

교사 : 사진을 보자. 어떻게 된 것 같니?

유아 1 : 비가 많이 와요.

유아 2 : 집이 모두 물에 잠겼어요.

유아 3 : 바람이 많이 불어서 나무가 부러졌어요.

유아 4 : 홍수가 난 거예요.

교사 : 홍수란 무엇이니?

유아 1 : 홍수가 나면 땅에 물이 많아요.

유아 2 : 홍수 때에는 비가 와서 자동차가 다닐 수 없어요.

유아 3 : 홍수가 나면 사람들이 많이 죽을 수 있어요.

유아 4 : 수영 못하는 사람들은 물에 가라앉아서 크게 다쳐요.

교사 : 이러한 일이 왜 생겼을까?

유아 1 : 비가 많이 오니까요.

유아 2 : 비하고 바람하고 아주 많이 불어서 위험해요.

홍수에 대해 이야기를 나눈 후 교사는 갑자기 강한 비가 계속 내리게 되면 어떤 일이 생길지 실험을 통해 알아 볼 것을 제안하였다. 먼저 적은 양의 물과 많은 양의 물을 넣었을 때의 차이에 대해 알아보고 그 다음 시간에 따라 계속해서 물이 늘어날 때 어떤 일이 생길지에 대해 이야기를 나누어 보았다.

발견실험 내용

홍수의 원리를 알아보기 위해 교사는 유아들과 함께 같은 크기의 아크릴 박스 두 곳에 모래를 넣고 인형 모형, 동물 모형, 나무 모형 등을 세워 보았다. 그리고 일정한 시간 동안 물뿌리개, 양동이로 각각 물을 부은 후 아크릴 박스 내 모형들의 변화와 쌓인 물의 양을 관찰 · 비교해 보았다.

준비된 재료를 소개하고 실험과정을 이야기하는 모습과 흙을 담는 모습

물뿌리개와 양동이로 물을 부어 차이를 관찰하는 모습

물을 붓고 난 후의 모형 인형들의 모습

교사와 유아들은 실험하기 전과 실험하는 과정 중에 나타나는 변화에 대해 이야기를 나누어 보았다.

교사 : 아크릴 박스에 있던 인형들과 모래는 어떻게 되었니?
물뿌리개와 양동이로 물을 부었을 때 무엇이 다르니?
유아 1 : 양동이 물이 더 많아요.
유아 2 : 장난감들이 모래 속에 묻혔어요.
유아 3 : 가벼운 나무는 둥둥 떠요.
유아 4 : 양동이로 물을 많이 담을 수 있어요.
유아 5 : 물뿌리개는 비가 오는 것 같아요.
유아 6 : 우리 장난감들이 깔렸어요. 가벼운 모자는 둥둥 떴어요.
유아 7 : 양동이로 물을 넣었을 때에는 인형들이 안 보였는데 물뿌리개는 인형들 머리가 조금 씩 보여요.
유아 1 : 물뿌리개는 모래가 천천히 내려가요.
유아 2 : 양동이 물이 갑자기 많이 쏟아졌어요.
유아 3 : 양동이로 물을 부으니까 모래에 구멍이 생겼어요.
교사 : 그랬구나. 시간이 지나면서 물은 어떻게 변했니?
유아 1 : 물이 점점 많아졌어요.
유아 2 : 모래가 점점 사라져요.
유아 3 : 기차만 둥둥 떠요.
유아 4 : 모래에 물이 가득 들어 있어요.
유아 5 : 물이 많을수록 흙이 더 무너졌어요.

발견실험 결과

유아들은 실험을 통해 양동이로 물을 부었을 때 박스의 변화가 더 크다는 사실과 시간이 흐를수록 물이 더 높아짐을 알게 되었다. 다함께 실험결과를 기록하고 홍수가 어떻게 사람들에게 피해를 입히는지에 대해 알아보았다.

교사 : 우리가 양동이와 물뿌리개로 아크릴 박스에 물을 부었는데 실제로 많은 양의 비가 갑자기 내리면 어떻게 될까?

유아 1 : 비가 많이 오면 물이 많아져요.

유아 2 : 물 때문에 집이 잠겨요.

유아 3 : 홍수가 나면 물이 토네이도처럼 돌아가요.

교사 : 홍수는 많은 양의 비가 오랫동안 내릴 경우 발생하는 자연재해야. 물이 가득 찼을 때 아크릴 박스 속 사람들은 어떻게 되었니?

유아 1 : 사람들이 많이 다쳐요. 자동차가 잠겨요. 모두 물속으로 들어가요.

교사 : 홍수가 발생했을 때 우리는 어떻게 해야 할까?

유아 2 : 엄마 손을 꼭 잡아야 해요. 같이 다녀요.

유아 3 : 산으로 올라가요.

교사 : 그래. 일단 홍수가 났을 때에는 부모님과 함께 높은 곳으로 빨리 몸을 피해야 해. 그리고 또 어떤 방법이 있지?

유아 4 : 수영을 하면 되잖아요.

교사 : 수영을 배우면 물에 빠졌을 때 덜 당황할 거야. 하지만 오랫동안 물속에 있게 되면 역시 위험하단다. 일단 물속에 빠지지 않도록 더 높은 곳으로 피해야 한다는 사실을 기억하자.

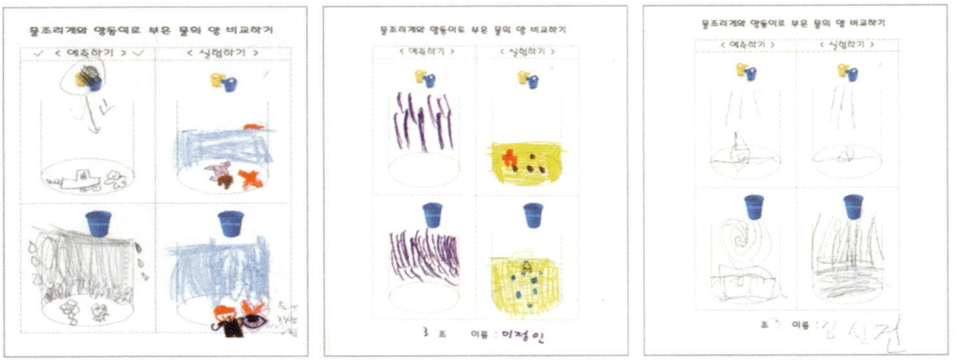

물뿌리개와 양동이로 물을 부었을 때의 변화를 예상하고 기록지에 그린 다음 실험 후 결과와 비교해 본 관찰지

시간을 정해 물의 양이 늘어남에 따라 모형들이 어떻게 변화하는지 실험해 보았다. 모형들을 세운 후 시간을 재어 각각 물을 넣고 지속되는 시간 동안의 모형의 변화를 관찰해 보았다.

물을 넣은 시간에 따른 모형의 변화

- 5초 후 : 흙을 물이 다 덮었어요. 그래도 진하게 흙이 바닥에 있는 것이 보여요.
- 10초 후 : 사람들이 여섯 명 쓰러졌어요. 공룡 한 마리랑요. 그래도 아직 많이 서 있어요.
- 20초 후 : 물이 많아지니까 사람들 허리까지 물이 찼어요. 배트맨 무릎까지 물이 찼어요.
- 40초 후 : 온통 흙탕물이 되었어요. 흙탕물 위로 작은 사람들이 둥둥 떠다녀요. 공룡도요.
- 60초 후 : 바닥이 잘 안 보여요. 물이 배트맨 어깨, 목까지 차올랐어요. 배트맨 빼고 모두다 물에 휩쓸렸어요. 순식간에 모두 물에 떠내려가거나 잠겨 버렸어요.

각각 물을 5초, 10초, 20초, 40초, 60초 동안 넣었을 때 물의 양과 박스 안의 변화 살펴보기

유아들은 홍수가 어떻게 발생하는지에 대해 알게 되었고, 물의 힘이 우리 생활에 미치는 영향에 대해서도 생각해 볼 수 있었다. 물이 생활의 편리함을 가져다주는 한편 때로는 무서운 자연재해로 우리에게 다가올 수 있음을 인식할 수 있는 계기가 되었다.

2) 물의 순환과정과 변화 생각해 보기 (비를 만들어 볼까요?)

실험도구 탐색

실험도구	비커, 물, 은박 접시, 얼음, 알코올 램프, 유리비커

이 실험은 유아들이 물의 순환과정을 직접 관찰해 보면서 수증기와 비의 생성원리를 이해해 볼 수 있도록 하기 위해 계획되었다. 교사는 먼저 《비오는 날은 정말 좋아》 동화를 들려주고, 유아들과 함께 비에 대한 이야기를 나누었다.

교사 : 비는 어떻게 만들어질까?
유아 1 : 구름이 많아져서 비가 내려요.
유아 2 : 먹구름이 있으니까 비가 오는 거예요. 구름은 비로 만들어진 거예요.
유아 3 : 하늘로 공기가 올라가서 구름에 들어가는데, 무거워서 비가 내리는 거예요.

발견실험 내용

물의 상태변화 실험을 통해 비가 내리는 과정을 알아보았다. 실험도구를 소개하고 도구를 다루는 방법과 안전에 대해 이야기를 나눈 후 실험을 시작하였다.

교사 : 뜨거운 물 위에 얼음판을 놓으면 어떻게 될까?

유아 1 : 물이 움직여요. 물이 움직일 때 눈에 안 보여요.

유아 2 : 얼음이 녹은 물이 접시에 고일 것 같아요.

유아 3 : 얼음이 물로 변할 것 같아요. 그래서 비커 사이로 떨어질 것 같아요.

유아 4 : 얼음이 녹아 유리접시를 뚫고 비가 내릴 것 같아요.

유아들과 함께 유리접시의 변화를 관찰한다.

교사 : 은박지 접시 밑면을 만져보자. 무엇이 생겼니?

유아 1 : 물방울이 있어요. 물들이 있어요.

교사 : 이 물들은 어디에서 왔을까?

유아 2 : 유리접시에 눈에 안 보이는 구멍이 있는데, 얼음이 녹아 물방울로 떨어져 비가 되는 거예요.

유아 3 : 유리접시에 물방울들이 생기더니 비커 안으로 떨어졌어요. 얼음 녹은 물이 공기를 타고 내려와 물방울이 된 것 같아요.

유아 4 : 얼음이 녹아 물이 넘쳐흘러서 물방울들이 비커 안으로 떨어졌어요.

유아 1 : 비커 속으로 물방울들이 떨어지는데, 얼음이 녹아 물방울들로 변한 것 같아요. 유리 비커에 살짝 안 보이는 구멍이 있어서 떨어질 수 있을 거예요.

유아 2 : 물방울들이 비처럼 내려요.

유아 3 : 물이 불 때문에 뜨거워서 수증기가 돼서 올라갔어요. 그런데 얼음이 담긴 접시를 만나 물방울로 변했어요.

교사 : 그래. 너희들이 이야기한 것처럼 불로 인해 뜨거워진 물이 수증기로 변해 위로 올라갔다가 찬 얼음을 만났고 다시 물방울로 변해 비커 속으로 떨어졌어. 이것이 바로 비란다. 조금 더 비커 속을 관찰해 볼까?

발견실험 결과

실험을 마친 후 비커 속의 물과 유리 접시 밑면의 변화를 관찰하고 기록하였다. 실험 전의 예상 그림과 비교하여 달라진 것을 찾아볼 수 있도록 하였다.

교사 : 유리 접시의 물이 어떻게 변했니?
유아 1 : 물이 사이다로 변한 것 같아요. 사이다처럼 알맹이(기포현상)가 있어요.
유아 2 : 접시의 물방울들이 커지더니 모두 아래로 떨어졌어요.
유아 3 : 연기가 생겨요. 이건 수증기예요.
교사 : 비커 속은 어떻게 되었니?
유아 1 : 비커 안이 뿌옇게 되었어요. 여기에 글씨를 쓸 수도 있을 것 같아요.
유아 2 : 비커 밑에 작은 거품이 있는데, 점점 위로 올라와요.
유아 3 : 접시에 물방울들이 생겼어요. 얼음이 녹아 물이 더 많아졌어요.
유아 4 : 비커 안을 보니 물방울이 막 떨어졌어요. 물이 뜨거워서 수증기로 변했는데, 다시 물방울로 변해 떨어져요.

유아들은 수증기로 변한 물이 찬 공기를 만나 다시 액체화된 것을 관찰하면서 비의 생성 원리에 대해 알 수 있게 되었다. 비에 대한 유아들의 흥미와 관심을 키울 수 있었으며 물, 얼음, 수증기까지 물의 상태변화 모두를 경험할 수 있는 실험이었다.

3) 물의 힘을 사용할 수 있는 방법 생각해 보기 (물을 막아 보아요)

실험도구 탐색

실험도구	압축스티로폼, 벽돌, 오아시스, 종이블럭, 솜, 천, 양동이, 물놀이대, 물, 활동지, 스티커, 필기구

이 실험은 유아들이 물이 떨어질 때 발생하는 힘에 관심을 가지고, 재료의 특성에 따라 물을 막는 힘이 다르다는 것을 알아 보기 위해 계획되었다. 이 실험을 통해 유아들이

직접 물을 막아보고 일상 생활 속에서 물의 힘을 활용한 예를 찾아볼 수 있었다.

댐에 대한 사전 경험을 이야기 나눠 본 후 물이 높은 곳에서 낮은 곳으로 떨어질 때 힘이 생기는 것에 대해 이야기했다. 그런 후 실험활동에 쓰이는 다양한 도구들을 소개하였다.

실험과정은 바깥놀이터에 설치된 호스를 이용하여 물이 높은 곳에서 아래로 떨어지는 모습을 관찰하고 떨어진 물에 의해 모래판이 어떻게 변화되었는지 살펴보았다.

교사 : 물이 떨어지고 모래가 어떻게 되었니?

유아 1 : 구멍이 생겼어요.

유아 2 : 모래가 무너졌어요.

교사 : 그럼 모래가 왜 파였을까?

유아 3 : 물이 떨어지니까요.

유아 4 : 물이 많이 쏟아져서 모래가 파인거죠.

교사 : 그렇구나. 떨어지는 물은 힘이 센가봐. 이 떨어지는 물을 활용하여 무엇을 할 수 있을까?

유아 1 : 수영할 수 있어요. 빨래도 해요. 물놀이도 할 수 있어.

교사 : 그렇구나. 그런데 정말 많은 물을 떨어뜨리면 큰 힘이 생겨서 전기라는 물질을 만든단다. 전기는 우리 생활 곳곳에 필요하지. 우리 주변에서 물이 모아져 있는 것을 본 적이 있니?

유아 2 : 텔레비전에서 물이 모여 있는 것을 보았어요.

유아 3 : 아! 맞다. 댐 본 적 있어요.

교사 : 그 곳은 어떻게 물을 막고 있었니?

유아 4 : 네모로 생긴 큰 돌들이 성처럼 높이 쌓아져 있었어요.

유아 1 : 물이 많이 떨어져요.

교사 : 너희들이 본 것처럼 사람들은 넓은 공간에 내리는 빗물과 흘러온 물들을 모아두고 물을 떨어뜨려 사용하는데, 이것을 바로 댐이라고 한단다. 우리가 한번 여러 물체로 물을 막아 댐을 만들어 볼까?

발견실험 내용

물을 어떻게 막을 수 있는지 이야기를 나눠 본 후 물을 막기 위해 쓰일 재료가 각각 얼마만큼 물을 막을 수 있을 것인지 이야기를 나누어 보았다. 그런 후 만들 수 있는 댐을 예측해 보고, 전개도를 그려 보았다.

교사 : 무엇으로 물을 막을 수 있을까?
유아 1 : 큰 돌로 물을 막을 수 있어요.
유아 2 : 작은 돌멩이도 많이 쌓으면 물을 막아요.
유아 3 : 나뭇가지로 물을 막을 수 있어요.
유아 1 : 모래요.
유아 2 : 찰흙으로 물을 막아요.
유아 3 : 벽돌로 막으면 단단해서 물이 안 나와요.
유아 4 : 나무블록으로도 막을 수 있어요.

오아시스, 스티로폼, 스펀지, 종이블록, 벽돌, 점토를 사용하여 유아들이 직접 물놀이대의 물을 막아보았다.

오아시스로 댐 만들기

유아 1 : 물이 막아지지 않아요. 오아시스 사이로 물이 들어와요.
유아 2 : 오아시스는 푹신하니까 그 사이로 물이 새요.
유아 3 : 틈이 있어서 물이 새요.
유아 4 : 오아시스는 말랑말랑 해서 물이 나와요.
유아 5 : 오아시스는 물을 빨아들일 줄 알았는데 구멍이 있어서 물이 샌 것 같아요.

종이블록으로 댐 만들기

유아 1 : 물이 막아지는 것 같았는데 결국 막지 못했어요.

유아 2 : 종이블록은 사람들이 틈 사이를 잘 못 막아서 물이 샜어요.

유아 3 : 종이블록이랑 오아시스랑 같이 했으면 좋았을 것 같아요.

유아 4 : 종이블록은 무겁지만 종이로 만든 거여서 물이 새요.

유아 5 : 종이블록은 겉에 스티커가 종이로 만들어져서 그게 물에 젖으니까 물이 샜어요. 종이 같은 게 물에 빨리 녹으니까요.

벽돌로 댐 만들기

유아 1 : 벽돌댐은 단단해요.

유아 2 : 벽돌은 틈을 막을 수 있어서 오래 물을 막아요.

유아 3 : 벽돌은 크기가 똑같았는데 점토로 막아서 물이 안 넘쳤어요.

유아 4 : 벽돌은 무거워서 오래 물을 막을 수 있어요.

유아 5 : 점토로 막으니까 단단한 댐이 되었어요.

발견실험 결과

실험결과를 기록하고 댐의 재질에 따라 물을 막는 정도에 차이가 있음을 알았다.

교사 : 너희들이 예측했던 것과 실험결과가 어떻게 다르니? 왜 차이가 날까?

유아 1 : 오아시스는 구멍이 있어서 아래로 샜어요.

유아 2 : 벽돌은 구멍이 있는데 거기를 막고, 또 벽돌을 붙이고 그 옆을 점토로 막아서 물이 안 샜어요.

유아 3 : 종이벽돌은 젖으니까 물이 나와요.

유아 4 : 종이블록은 종이로 만든 거라서 얇고 물을 못 막아요.

유아 1 : 오아시스는 손으로 푹 누르면 쑥 들어가니까 물이 금방 새요.

유아 2 : 벽돌이 돌이어서 가장 튼튼하니까 물을 잘 막아요.

유아 3 : 벽돌에 구멍이 있지만 찰흙으로 잘 막아서 견딜 수 있었어요.

유아 4 : 모두 다 다르니까 물을 막는 것도 달라요.

교사 : 그 밖에 물을 막을 수 있는 물체에는 무엇이 있을지 생각해 보자.

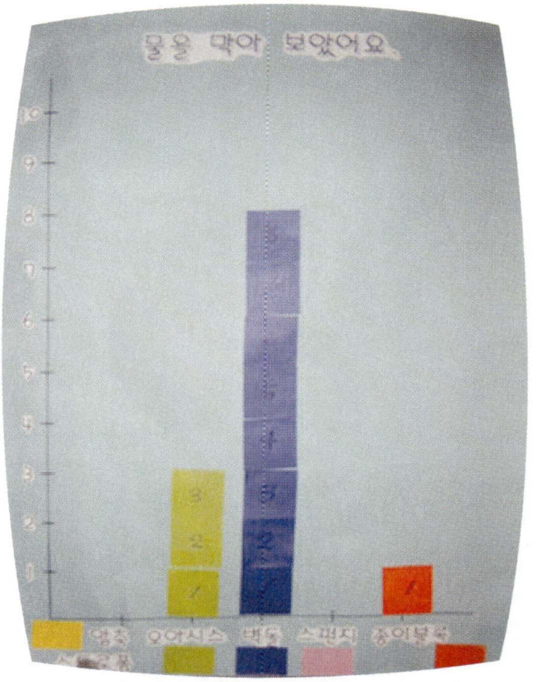

유아들은 이 실험을 통해 댐의 원리에 대해 알 수 있었으며, 물질마다 물을 막는 정도가 다름을 관찰해 볼 수 있었다. 아울러 물의 힘을 이용하여 사람들이 편리한 생활을 할 수 있게 된 계기들을 찾아 볼 수 있는 시간이었다.

4) 물속에서의 부력 실험하기 (잠수함의 원리를 생각해 보아요)

실험도구 탐색

실험도구	큰 페트병 4개, 수조, 물, 색소, 비커, 깔때기, 액체의 무게를 재는 저울

유아들과 예전에 물놀이를 했던 경험을 나누면서 물에 뜨는 것과 가라앉는 것에 대한 사전 경험을 나눴다. 그런 후, 그렇다면 물에 뜨는 물체를 어떻게 가라앉힐 수 있는지에 대해 이야기를 하면서 준비된 실험도구들을 소개하였다.

교사 : 어떤 것들이 물에 뜨니?
유아 1 : 가벼운 것들이요, 나뭇잎, 비닐, 플라스틱, 작은 것들이요, 스티로폼도 떠요.
교사 : 왜 물에 뜨게 되는 걸까?
유아 2 : 가벼우니까요.
교사 : 그런데 이런 물에 뜨는 것을 가라앉히려면 어떻게 해야 할까?
유아 1 : 무거운 것을 계속 위에 쌓아요.
유아 2 : 그런데요. 예전에 스펀지를 가지고 놀았는데요, 스펀지는 처음에는 물에 떠 있다가 물을 먹으면 점점 무거워져서 가라앉아요.
교사 : 페트병은 물에 넣으면 어떻게 될까?
유아 3 : 페트병은 물에 떠요.
교사 : 페트병을 물에 가라앉게 하려면 어떻게 해야 할까?
유아 1 : 손으로 눌러요.
유아 2 : 페트병은 원래 둥둥 떠요. 배처럼요. 가라앉지 않아요.
유아 3 : 돌을 달아요.

교사 : 그래 좋은 생각이구나. 무거워지게 하기 위해 돌을 다는 대신 안에 물을 넣어보면 어떨까?

유아 1 : 그러면 가라앉을 것 같아요.

교사 : 물을 얼마만큼 넣으면 가라앉을까?

유아들과 물에 뜨는 페트병을 가라앉히기 위해 어떻게 하면 좋을지 이야기를 나누어 본 후 실험하게 될 원리에 대해 설명하였는데, 먼저 잠수함에 대해 설명하였다.

교사 : 처음 잠수함은 바닷물을 탱크에 넣어 배를 무겁게 하여 잠수시키고 나중에는 벽을 밀어냄으로써 물을 버려 무게를 줄여서 물 위에 뜰 수 있도록 했다. 지금의 잠수함에서는 부력탱크에서 바닷물을 배출하여 공기가 물 대신 차면 잠수함이 물 위로 뜨고 바닷물을 다시 탱크에 넣으면 잠수하게 된다.

유아 1 : 우와, 신기해요.

유아 2 : 나는 잠수함이 비행기처럼 모터로 움직이는 줄 알았어요.

교사 : 그래 그런데 잠수함은 어떨 때는 바다 깊이 내려가기도 하고 어떨 때는 바다 중간에 있기도 하잖아. 어떻게 그렇게 하는 걸까?

유아 3 : 잠수함이 무거우면 밑으로 가고 가벼우면 위로 가요.

교사 : 그걸 어떻게 조절했을까? 물을 넣었다고 하는데 얼마나 물을 넣었을까? 우리 한 번 생각해 보자.

발견실험 내용

유아들에게 실험에 대해 소개하고 실험을 진행해 보았다. 먼저 비커의 눈금을 확인하고 200mL 만큼 채워 보게 했으며 액체를 재는 거울로 무게를 재어 보았다.

교사 : 비커의 200mL 눈금이 보이니? 거기까지 물을 채워 보자.

유아 : 200mL 까지 물을 채웠어요. 이걸 여기(액체 재는 저울)에 넣으면 되나요?

교사 : 천천히 부어 보자. 눈금에 맞게.

비커에 물을 측정하여 담는 과정과 셋이 한 조가 되어 페트병에 깔때기를 대고 측정한 물 200mL를 정확하게 재어보는 모습

비커의 눈금을 확인하는 모습과 정확한 양을 위해 평평한 책상 위에 놓고 보는 모습

교사 : 어떻게 하면 비커에 200mL를 제대로 채울 수 있을까?

유아 1 : 딱 200mL 까지 왔는지 제대로 보려면 평평한 곳에 놓고 봐야 해요. 그냥 들고 올려 보면 자꾸 틀려요.

교사 : 물의 무게는 얼마나 되니?

유아 2 : 물의 무게를 재어 보았어요. 비커에 200mL를 담은 다음 두 번 넣어 무게를 재어 보니 빨간 바늘이 4까지 와요. 다른 걸로 읽으면 160g이라고 글씨가 써 있어요.

교사 : 비커 한 개의 물(200mL)을 넣었을 때 페트병은 어떻게 될까?

유아 1 : 비커로 1개 200mL 만큼 넣으면 페트병이 둥둥 떠서 물속으로 전혀 들어가지 않아요.

교사 : 페트병에 얼마나 물을 더 넣어야 꽉 찰까?

유아 2 : 페트병에 색물을 비커로 200mL씩 넣어 보았어요. 아홉 컵이면 완전히 안 잠기고 열 컵이면 물을 넣고 20mL가 남아요.

유아 3 : 비커로 물을 넣으면 넣을수록 점점 물속으로 들어가는 부분이 많아져요.

유아 2 : 비커로 재어 넣으니 얼마만큼 물이 들어갔을 때 얼마만큼 잠기는지 잘 알 수 있어서 좋아요.

발견실험 결과

페트병에 정확한 단위로 물을 재어 넣어 얼마만큼이 들어가는지 알아본 후 유아들과 직접 물을 측정하여 페트병 안에 넣고 페트병이 얼마만큼씩 가라앉는지 실험해 보았다.

교사 : 우리가 실험을 어떤 순서로 했니?

유아 1 : 비커에 물을 넣어서 하나씩 넣어 얼마나 가라앉는지 살펴 봤어요.

유아 2 : 처음에는 둥둥 떠 있었는데 비커 물을 하나씩 하나씩 넣을 때마다 점점 가라앉아요.

교사 : 물에 뜨는 페트병을 가라앉히려면 어떻게 해야 했니?

유아 3 : 물을 계속 넣어 보았어요. 나중에 아홉 개까지 넣으니 가라앉았어요.

교사 : 우리는 잠수함에 대해 이제 무엇을 알았을까?

유아 4 : 잠수함이 물속에서 얼마만큼 가라앉아야 하는지 정해야 할 때 물을 얼마나 채워야 하는지 알 수 있을 것 같아요.

유아 5 : 뜰 때는 물을 다 빼야 물 위로 다시 올라와요.

유아 3 : 비커 200mL 두 개의 무게를 저울로 재어 보았더니 160g이 나왔어요.

유아 4 : 물이 얼마만큼인지 정확하게 잴 수 있어요.

유아 5 : 잠수함이 내려가고 올라갈 때 물이 얼마나 들어가는지 눈으로 확인해 볼 수 있어요. 물속에서 잠수함의 높이도 이런 방법으로 조절할 수 있어요.

물에 뜨는 페트병을 가라앉히기 위해 물이 얼마나 필요한지 정확한 양과 무게를 측정하여 실험해 보았다. 간단한 실험도구를 사용하였지만 정확한 측정이 이루어졌고 유아들이 쉽게 다룰 수 있는 비커와 깔때기, 저울 등의 원할한 사용이 이루어졌다. 또한 물에 뜨는 것을 가라앉게 만들어서 우리 생활을 편리하게 해주는 도구로 무엇이 있을지 생각해 보는 시간을 가졌다(잠수함, 해저 망원경, 스쿠버용 물고기 관찰통 등) .

5) 무게와 시간에 따른 운송 실험하기 (짐을 물길에 실어 보내요)

실험도구 탐색

실험도구	종이상자 배 모형, 정육면체 동일한 크기의 나무블록, 물, 수조, 수로, 시계, 실험지, 비커, 큰 양동이, 무역품을 싣고 가는 배의 사진

수로를 따라 물체가 어느 정도의 속도로 움직이는지 사전 경험을 나눠 보았다. 먼저 작은 재료인 빨대, 스티로폼, 알루미늄 포일, 플라스틱 뚜껑 등으로 출발과 도착 시간을 재어 보았고 그런 후 배의 기능을 소개하고 짐을 싣고 가는 실험에 대해 이야기를 나누었다.

교사 : 물건을 이쪽에서 저쪽으로 보내기 위해서 어떤 교통수단을 사용할 수 있을까?

유아 1 : 자동차, 비행기, 배요.

교사 : 배가 짐을 실어나르는 것을 본 적 있니? 물건이 많으면 배가 어떻게 될까?

유아 2 : 가라앉을 수도 있어요. 무거워서 앞으로 안 나가요.

교사 : 물건이 적으면 어떻게 될까?

유아 1 : 배가 아주 빨리 가요. 가벼워서 둥둥 떠요.

발견실험 내용

먼저 준비된 실험재료를 소개하였다(배 모형, 수로, 시계, 나무블록 등). 그런 후 나무블록의 개수에 따라 배가 도착하는 시간이 어떻게 다를지 예상해 보았다.

교사 : 배에 나무블록을 실으면 배가 빨라질까? 느려질까?
하나도 안 실었을 때 끝까지 가는 데 얼마나 걸릴까?
나무블록을 1개 실었다면 이 수로 끝까지 가는 데 얼마나 걸릴까?
나무블록을 3개 실었다면 이 수로 끝까지 가는 데 얼마나 걸릴까?
나무블록을 6개 실었다면 이 수로 끝까지 가는 데 얼마나 걸릴까?
많이 실은 배가 빠를까? 적게 실은 배가 빠를까?

차례로 나무블록의 개수를 늘려 움직이는 시간을 측정해 보는 모습

발견실험 결과

유아들과 함께 실험결과에 대해 이야기를 나누어 보았다.

교사 : 1개를 실었을 때는 몇 초가 걸렸니?
유아 1 : 16초요.

교사 : 우리가 예상했던 시간은 얼마니?

유아 2 : 8초요. 5초요. 10초요.

교사 : 3개를 실었더니 어떻게 되었니?

유아 3 : 하나 실었을 때보다 배가 더 잘 갔어요.

유아 4 : 더 무거울 텐데 1개랑 세 개랑 1초밖에 차이가 안 났어요.

교사 : 몇 개를 실었을 때 배가 움직이지 못했니?

유아 1 : 여덟개를 실었더니 배가 움직이지 못했어요. 너무 무거웠나봐요.

교사 : 배를 빠르게 움직이게 하려면 어떻게 해야 할까?

유아 2 : 적당한 양을 실어야 되요.

교사 : 이 실험으로 무엇을 알 수 있었니?

유아 1 : 실험을 해보았더니 우리가 예상한 시간과 아주 달랐어요. 직접 나무블록을 실어 실험을 해보는 것이 중요하다는 것을 알았어요.

유아 2 : 하나도 나무블록을 안 실은 배와 하나 실은 배는 거의 도착이 같았어요. 기왕에 갈 것이라면 짐을 싣고 가는 것이 나아요.

유아 3 : 나무블록을 실으면 실을수록 배는 무거워지지만 대신 흔들리지 않아요.

유아 4 : 나무블록 실은 배를 거꾸로 해보았어요. 뒤를 앞으로 놓으니 잘 가지 않아요. 조금 가다 뒤집어졌어요.

유아 5 : 배로 짐을 잘 나르기 위해서는 아예 안 싣거나 꽉 차게 싣는 것보다는 여섯 개 실었을 때 가장 배가 잘 갔어요.

유아 6 : 짐을 싣고 가는 배는 짐의 무게가 아주 중요할 것 같아요. 짐을 잘 실어야 배가 무사히 빨리 도착할 거예요.

이 실험을 통해 유아들은 물 위에서 짐을 어느 정도 싣고 가야 가장 효율적인지 생각해 볼 수 있었다. 작은 모형을 기반으로 무게를 조금씩 늘려 차이를 알아볼 수 있도록 하였다. 배가 짐을 싣고 갈 때 이동 시간을 예상해 보고 결과를 비교해 봄으로써 실험활동의 집중력을 가지고 탐구해 볼 수 있었다.

6) 분수의 원리 실험하기 (위로 솟아 오르는 물)

실험도구 탐색

실험도구	호스, 테이프, 깔때기, 물주전자, 핀, 피스톤 주사기, 비닐봉지, 물

물은 위에서 아래로 중력 방향으로 흐르지만 반대로 아래에 있는 물이 위로 솟구칠 수도 있다. 이에 대해 유아들과 이야기를 나누고 준비된 실험도구를 탐색해 보았다.

교사 : 물은 어디서 어디로 흐르니?
유아 1 : 위에서 아래로 흘러요.
교사 : 아래에서 위로 흐르는 물을 본 적 있니?
유아 2 : 공원에 갔을 때 분수를 보았어요, 샤워기를 엎어놓으니 위로 물이 올라왔어요.
교사 : 그래, 그럼 우리가 직접 아래에서 위로 솟구쳐 오르는 물에 대해 실험을 해보자.

발견실험 내용

유아들과 함께 아래에서 위로 물이 솟구치는 분수를 만드는 방법에 대해 먼저 생각을 나누어 보았다.

교사 : 분수를 본 경험이 있니?

유아 1 : 놀이공원에서 봤어요.

유아 2 : 예전에 분수에서 놀았어요. 물이 위로 올라와서 옷이 다 젖었어요.

교사 : 분수는 어떻게 생겼니?

유아 1 : 물이 아래에서 위로 부채모양으로 올라와요.

교사 : 어떻게 하면 분수를 만들 수 있을까?

유아 2 : 통을 이렇게 몇개 올려놓고요, 위에서 이렇게 물을 부었더니 물이 넘쳐서 내려왔어요.

유아 1 : 물을 작은 통에 계속 넣었더니 물이 위로 솟구쳐서 넘쳤어요.

유아 2 : 밑에 기계장치를 해서 물이 위로 올라가게 만들어요.

유아 3 : 샤워기를 바닥에 놓았더니 물이 위로 올라가 분수가 되었어요.

교사 : 우리는 깔때기와 호스를 이용해서 분수를 만들려고 해. 깔때기와 호스를 이용해서 어떻게 분수를 만들까?

유아 1 : 깔때기에 물을 부으면 이렇게 호스 끝으로 물이 나올 것 같아요.

유아 2 : 호스 끝으로 나오는 물이 위로 솟아오르려면 어떻게 해야 할까?

물이 솟아나게 하려면?

물의 높이(깔때기)	대롱 끝에서 나오는 물의 양, 높이	
	예 상	결 과
1단계 (깔때기와 대롱구멍의 높이 동일)	깔때기가 낮으면 호스에 물이 조금밖에 안 나올 거예요. 아무것도 안 나올 것 같아요.	물이 안 나와요. 아주 조금만 나와요. 나왔다가 안 나왔다가 해요. 물을 더 부으면 나올 거예요. 물을 더 부었는데도 호스에서 물이 안 나와요. 이렇게 깔때기에 물을 비커로 꾹꾹 누르면 물이 나올 거예요. 어, 그런데 물이 안 나와요.
2단계 (구멍이 30cm 위)	깔때기가 조금 올라가면 물이 아까보다 더 나올 거예요. 처음이랑 높이는 같은데 옆으로 물이 퍼질 것 같아요.	깔때기를 올리니까 물이 많이 나와요. 깔때기를 올려서 물을 부으니까 물이 위로 올라와요. 더 크게 만들면 큰 분수를 만들 수 있을 거예요.
3단계 (구멍이 60cm 위)	제일 물이 높이 쭉 나올 것 같아요. 물이 처음이랑 높이는 같은데 옆으로 더 많이 퍼지고 물이 더 많이 나올 것 같아요.	중간보다 물이 많이 나와요. 물이 높이높이 올라가요. 그리고 물이 옆으로 휘어서 떨어져요. 계속 물을 부어볼래요. 물을 더 많이 넣으면 호스의 물이 더 높이 올라갈 거예요. 그런데 더는 안 올라가요. 물을 많이 넣는다고 호스물이 더 높이 올라가는 것은 아니에요. 롤러코스터를 탈 때 높이 올라가면 "슝" 하고 빠르게 내려왔었어요. 아마도 깔때기를 높이 올리면 물이 빨리 내려와서 하늘 높이 올라가는 것 같아요.

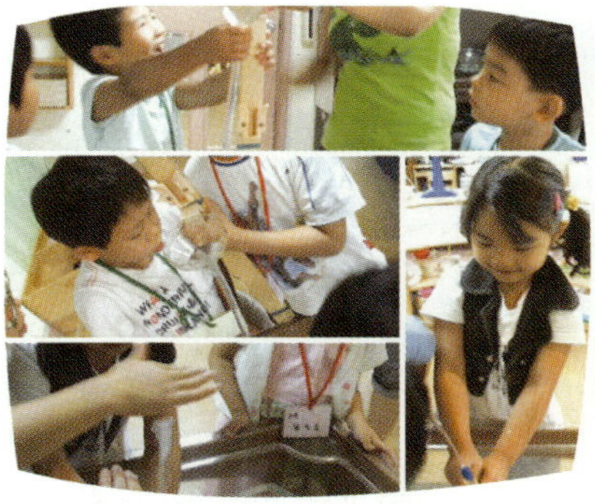

실험 전 예상해 보는 모습과 높이를 달리하여 분수의 높이를 확인하는 모습

발견실험 결과

유아들과 함께 실험결과를 이야기 나누어 보았다.

교사 : 깔때기랑 호스 높이가 같을 때는 어땠니?

유아 1 : 깔때기랑 호스 끝 높이가 같을 때 물이 많이 나올 것 같았는데, 실험해 보니까 물이 나오지 않았어요.

교사 : 깔때기를 30cm로 높였더니 어떻게 되었니?

유아 2 : 깔때기를 높였을 때 호스 끝에서 물이 쭈욱하고 나올 줄 알았는데, 실험해 보니까 물이 쭈욱하고 나와서 옆으로 휘었어요.

교사 : 깔때기를 60cm로 올렸을 때는 어떻게 되었니?

유아 1 : 깔때기랑 호스 끝 높이가 같을 때 물이 많이 나올 것 같았는데, 아주 조금 졸졸 나왔어요. 그리고 깔때기를 가장 높이 올렸을 때는 물이 쭉쭉 솟구칠 줄 알았는데, 밑으로 둥글게 원을 그리면서 내려왔어요.

교사 : 이 실험으로 무엇을 더 알 수 있었니?
유아 2 : 깔때기 높이가 달라져도 호스 끝에서 나오는 물의 높이는 같을 것 같았어요. 그리고 물이 옆으로 퍼질 것이라고 생각했어요. 그런데 실험을 해보니까 깔때기를 높이 올릴수록 더 많이 물이 나오고 또 높이 솟았어요.

이 실험을 통해 유아들은 높이에 따라 물의 솟아오르는 정도가 다르다는 것을 알 수 있었고 정확한 측정단위를 사용하여 그 차이를 가늠해 볼 수 있었다. 교사들도 사전 실험을 통해 유아들이 실험을 탐구해 나갈 수 있도록 결과를 측정해 보았다. 교사가 사전 실험을 통해 자신감을 가지고 실험에 임할 때 유아들이 더 치밀하고 깊이있게 생각할 수 있음을 알 수 있었다.

7) 물 위에서 움직일 수 있는 것 만들기 (물 위에서 앞으로 가는 배를 만들어요)

실험도구 탐색

실험도구	은박 접시, 종이컵, 빨대, 접착제, 비닐테이프 등

물에서 다양한 물체가 뜨는지 가라앉는지 살펴보는 실험과 물에 뜨는 배 만들기 활동은 많이 이루어지고 있다. 거기서 더 나아가 물 위에서 뜰 뿐 아니라 힘을 받아 혼자 움직이는 배를 만들어 보고자 하였다. 유아들은 처음에는 배에 모터 달기, 손으로 밀기, 풍선 붙이기 등을 이야기하였다. 그러다 물의 힘으로 가는 배를 소개하게 되었고 직접 만들어 보고 실험해 보는 과정을 통해 물의 힘으로 배가 어떻게 움직이는지 물의 이동 방향에 따라 배는 어디로 움직이는지 관찰해 볼 수 있었다.

먼저 물의 힘을 사용하여 움직이는 배에 대해 이야기를 나누어 보았다.

교사 : 물 위에서 배가 움직이는 것을 보았니?

유아 1 : 네, 앞으로 앞으로 갔어요.

교사 : 배는 어떻게 앞으로 움직일까?

유아 2 : 기계 모터가 있어서 배를 앞으로 가게 도와 줘요.

교사 : 우리가 앞으로 움직이는 배를 만들려면 무엇이 필요할까?

발견실험 내용

유아들에게 준비된 실험재료를 소개하였다(접시, 빨대, 종이컵 등). 그런 후 실험에 대해 소개하는 시간을 가졌다.

교사 : 이 재료로 어떻게 배를 만들 수 있을까?
빨대를 통해 물이 나오면서 앞으로 전진하는 배를 만들려면 어떻게 해야 할까?

물 위에서 움직이는 배를 만드는 순서

교사 : 물 위에서 혼자 힘으로 움직이는 배를 만들어 보니 어떠니?

유아 1 : 물에 뜨는 배는 가볍게 만들면 떠요. 그런데 앞으로 가는 배는 처음 만들어 봤어요.

유아 2 : 손으로 밀지 않아도 물을 채워 주면 자꾸자꾸 앞으로 나가요.

유아 3 : 이제 종이컵에 왜 구멍을 뚫어 빨대를 끼웠는지 알겠어요. 물이 그쪽으로 나가면서 배를 밀어요.

유아 4 : 미는 힘이 대단해요. 배가 앞으로 쭉쭉 가요.

움직이는 배를 제작하는 과정과 물에 띄워 보기 전 어떻게 움직이는지 예상하는 모습

물을 부어 앞으로 가는 것을 관찰하는 모습

발견실험 결과

유아들과 물의 힘으로 가는 배를 만들어 보고 그 과정을 회상해 보았다.

교사 : 직접 배를 만들어 보니 어떤 점이 가장 재미있었니?

유아 1 : 만들 때는 잘 뜨지 않을 것 같았는데 만들고 나서 직접 해보니까 슥슥 앞으로 가서 재미있어요.

교사 : 배가 앞으로 어떻게 갔니?

유아 2 : 종이컵에 물을 부으면 물이 빨대로 나가면서 배를 죽죽 밀었어요.

유아 3 : 그런데 빨대를 이쪽으로 하면 배는 저쪽으로 가고 빨대를 저쪽으로 하면 배는 이쪽으로 가요. 물이 반대쪽으로 밀어서 가게 해주나봐요.

유아 4 : 그 자리에서 빙글빙글 돌게 할 수도 있어요. 빨대를 꺾으면 되요.

이 실험을 통해 물에 뜨고 가라앉는 간단한 수준에서 물 위에 떠서 앞으로 스스로 갈 수 있고 방향도 바꿀 수 있는 배를 만들어 움직이는 원리를 관찰해 볼 수 있었다. 간단한 재료로 만든 배지만 빨대의 길이나 구멍의 위치, 종이컵에 넣는 물의 양, 고정되는 정도에 따라 실험결과가 좌우되어 실험을 통해 적절한 빨대 길이와 구멍의 위치, 물의 양 등에 대해 정확하게 파악할 수 있었다.

4. '물의 힘' 에 대한 발명의 과정

1) 첫 번째 발명 (기적의 빗물)

발명품 계획하기

물의 힘에 의해 벌어지는 자연재해 동영상을 보고 이틀에 걸쳐 실험을 한 결과 유아들은 홍수라는 자연재해에 관심을 가지게 되었다. 그리고 홍수가 장마철 많은 빗물의 양으로 생겨나는 재해임을 알게 되었다. 유아들은 많은 빗물을 담을 수 있는 도구를 만들어 빗물이 우리에게 도움을 주었으면 하였다. 유아들은 자신들이 만들고 싶은 발명품의 설계도를 그려보았고 재료를 준비하기 위해 이야기를 나누는 시간을 가졌다.

교사 : 많은 빗물을 어디다 담을 수 있을까?
유아 1 : 물탱크에 담아요. 우리가 만들면 되는데….
유아 2 : 그건 너무 크잖아. 옛날엔 측우기가 있었는데….
유아 3 : 벽돌로 댐을 만들어요.
유아 4 : 물통이요.

유아들과 이야기를 나누는 과정에서 정수기 물통에 수도꼭지나 샤워기를 달자는 의견이 나왔다.

교사 : 정수기 물통을 움직이지 않게 하려면 어떻게 해야 할까?
유아 1 : 진흙으로 쌓아요.
유아 2 : 종이벽돌은 무너질거야. 댐실험 때처럼.
유아 3 : 벽돌이 세니까 벽돌로 쌓아요.
교사 : 너희들이 이야기한 대로 벽돌과 진흙으로 쌓아보도록 하자.

발명품 발명하기

실험도구	커다란 정수기용 물통(윗부분을 잘라낸 것), 시멘트, 모종삽, 시멘트 섞을 그릇, 수도꼭지

본격적으로 발명품을 만들기 위한 토의가 진행되고 발명품 만들기에 사용할 재료들을 알아보았다. 그리고 투표를 통해 최종적으로 우리가 만들 발명품의 모형에 대해 생각해 보는 시간을 가졌다.

유아들은 물의 힘에 대한 다양한 실험을 통해 자신들이 발명하고 싶은 발명품 설계도를 그리기 시작했다. 투표를 통해 기적의 빗물을 받을 수 있는 발명품이 선택되었고 설계도를 기초로 발명품을 만들기 시작했다.

교사 : 너희들이 말한 대로 먼저 여기 있는 시멘트와 물을 섞고 아기 돼지 삼형제가 집을 짓는 것처럼 벽돌을 쌓아보자.

유아 1 : 구멍 난 곳은 찰흙으로 막아요.

유아 2 : 시멘트가 잘 굳게 꽉 눌러줘야 돼.

교사 : 그리고 가장 마지막에 친구들이 만든 자를 시멘트로 붙이자.

기적의 빗물 발명품을 만드는 모습

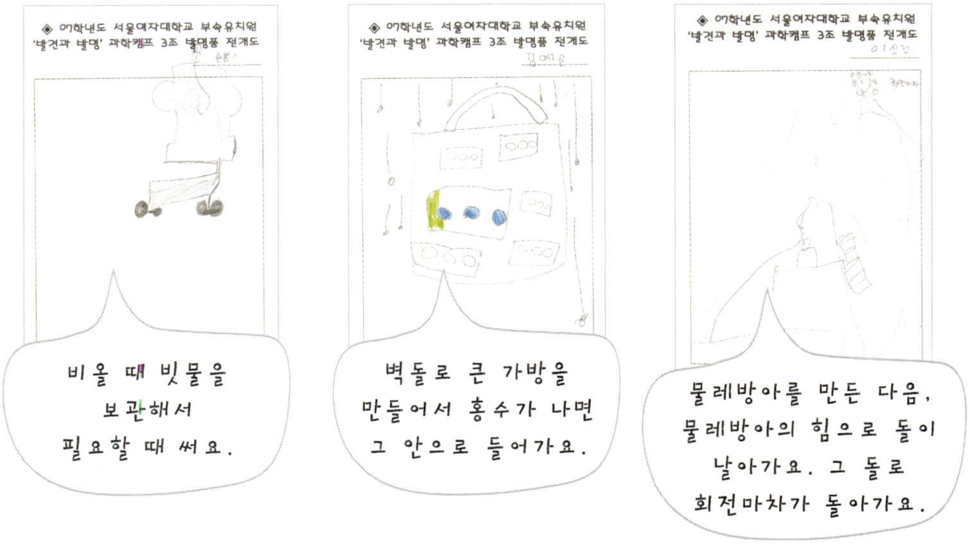

발명품 설계도

완성된 발명품에 비를 대신하여 물을 넣어 보았다. 유아들과 홍수가 났을 때 빗물을 받아서 장난감을 씻거나 토끼가 물을 먹을 수 있는지 발명품을 작동해 보았다.

교사 : 자, 이제 완성되었어. 비가 많이 왔을 때 비의 양을 측정하고 빗물로 장난감을 씻을 수 있는지 실험해 보자.
유아 1 : 진짜 물이 나온다. 비가 많이 오면 장난감을 씻을 수 있겠다.
유아 2 : 토끼가 와서 물을 먹을 수 있을 거야! 그런데 수도꼭지가 잠겨져 있는데….
유아 3 : 우리가 열어주면 되지.
유아 4 : 이것보다 더 큰 게 있으면, 비가 많이 와도 홍수가 안 나고 빗물을 다 모을 수 있겠다.

유아들은 수도꼭지에서 나오는 물을 보고 무척 흐뭇해 하였다. 또한 장난감을 직접 씻어 보며 발명 성공에 대해 서로 축하하였다. 이 발명을 통해 유아들은 비가 많이 오면 홍수라는 자연재해가 일어나 사람들에게 피해를 줄 수 있지만, 반면 물의 힘을 사람들에게 유용하게 이용할 수 있다는 점을 알게 되었다. 우리는 발명품 전시회에서 우리가 만든 기적의 빗물 발명품을 소개할 준비를 시작했다.

2) 두 번째 발명 (물의 힘을 사용하여 스스로 움직이는 로봇)

발명품 계획하기

물의 힘을 이용하여 움직이는 발명품을 만들어 보기로 하였다. 유아들은 물 위를 스스로 가는 배를 응용하여 무엇인가를 만들고 싶어 하였고 그래서 물을 넣어 물이 나오면서 실제로 움직이는 로봇과 곤충을 만들어 보고자 하였다.

유아 : 우리는 진짜로 물 위에서 움직이는 것을 만들고 싶어요!
교사 : 물의 힘을 사용한 어떤 발명품을 만들까요?
물 위에서 움직인다면 어떻게 움직일 수 있을까요?
물로 가는 로봇을 만든다면 로봇은 어떻게 움직이게 될까요?

발명품 발명하기

먼저 설계도를 그려 발명품을 구상해 보았는데 유아들은 제트선에서 원리를 발견하고 관찰한 것을 토대로 물의 힘으로 다양하게 움직일 수 있는 장치를 생각해 내었다. 설계도를 그릴 때는 힘의 원동력인 물이 어디로 들어가서 어떻게 순환하여 어디로 나가 추진력이 되는지 통로에 촛점을 두어 그리도록 하였다.

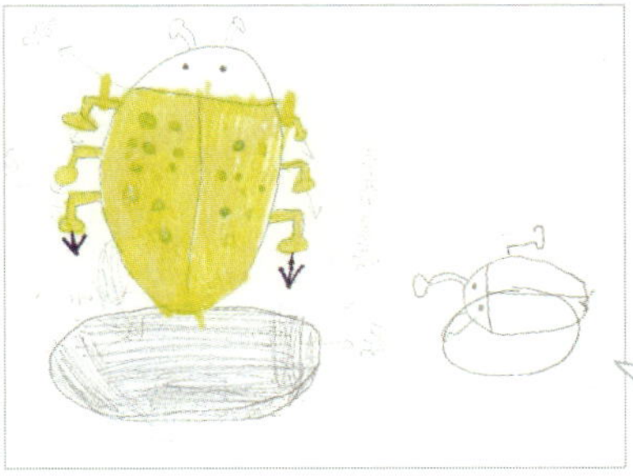

곤충로봇이에요. 물 위에서 소금쟁이처럼 떠서 앞으로 가거나 빙빙 돌게 할 수 있어요. 은박접시 위에 올려서 붙이고 몸을 물통으로 만들고 발은 빨대로 만들어서 물이 빠져 나가면서 움직이게 해요.

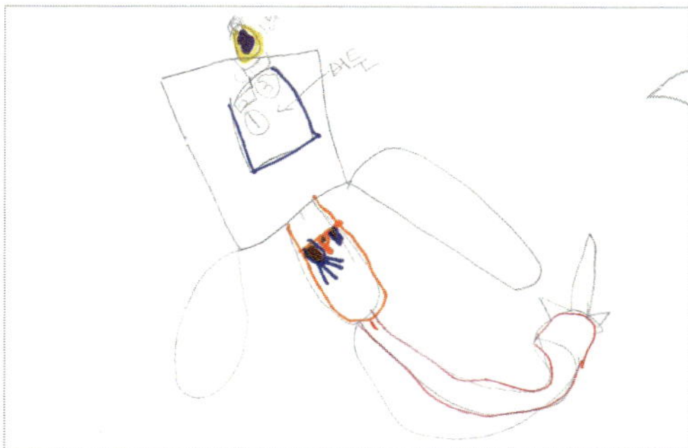

물의 세기를 조절할 수 있는 버튼이 있는 로봇이에요. 1번 버튼은 물이 약하게 두 번 버튼은 물이 강하게 나와요 세 번 버튼은 누르면 가장 센 물줄기가 나와요. 머리에 물통이 있어서 그쪽으로 물을 집어넣으면 꼬리를 통해 물이 세게 나와서 불을 꺼 주어요.

물로봇이에요. 물을 이쪽 깔때기로 넣으면 위로 올라가는 통로로 가서 분수가 나오고 밑으로 가는 통로를 따라 가서 뒤로 물이 빠지면서 앞으로 앞으로 가요. 땅 위에서도 갈 수 있게 바퀴도 달았어요. 땅 위에서는 바람의 힘을 모아서 가요. 물이 여러 통로로 가서 로봇이 움직일 수 있도록 해줘요.

조종석이 있는 고래 로봇이에요. 조정석에는 물이 들어가지 않도록 아무것도 넣으면 안되요. 조종석에는 여러 버튼이 있어서 누르면 움직일 수 있어요. 물은 입 쪽으로 들어오는데 가고 싶은 방향에 따라 동서남북으로 넣어요. 동쪽으로 가고 싶으면 서쪽으로 물을 넣고 남쪽으로 가고 싶으면 북쪽으로 넣어요. 들어온 물은 통로를 따라 꼬리쪽으로 나가요.

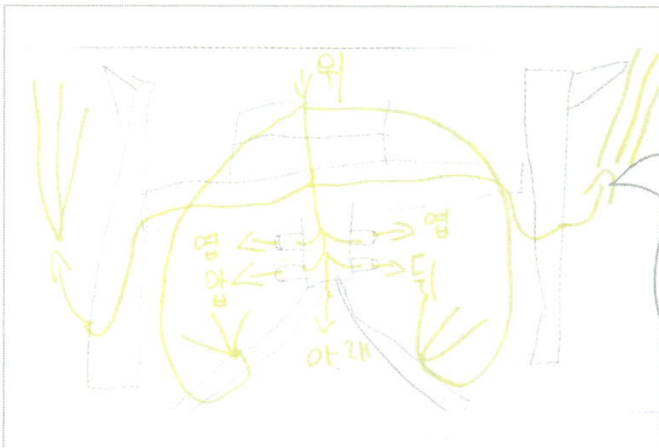

물 위에서 방향을 자유자재로 바꿀 수 있는 배 설계도에요. 물은 위로 들어가는데 가끔은 위로 물이 튀어 나오기도 해요. 구멍은 왼쪽, 오른쪽, 앞, 뒤, 아래로 갈 수 있는 구멍이에요. 옆으로 가고 싶으면 뒤, 앞, 아래 구멍을 막으면 되고 뒤로 가고 싶으면 앞을 막고 앞으로 가고 싶으면 구멍 뒤를 막아요. 물이 가는 방향을 정하려면 반대쪽을 막아요.

물로 가는 전차 우주선이에요. 물대포를 쏠 수 있어요. 물을 받아서 화살표 방향으로 돌린 다음 물을 한꺼번에 모아서 물대포를 터뜨려요. 남은 물은 호스로 바깥으로 빼서 앞으로 앞으로 나갈 수 있도록 해줘요.

물 위를 다니는 로봇이에요. 머리로 물을 넣으면 팔에서 물이 나오고 다시 발에서 물을 밀어 내면서 앞으로 죽죽 나가요. 기쁜 일이 있을 때 사람들을 즐겁게 해주거나 갑자기 빠진 사람이 있으면 물 위를 걸어가서 구해줘요.

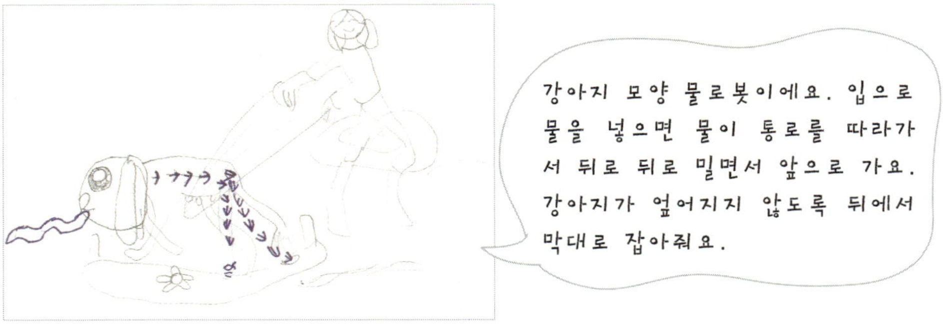

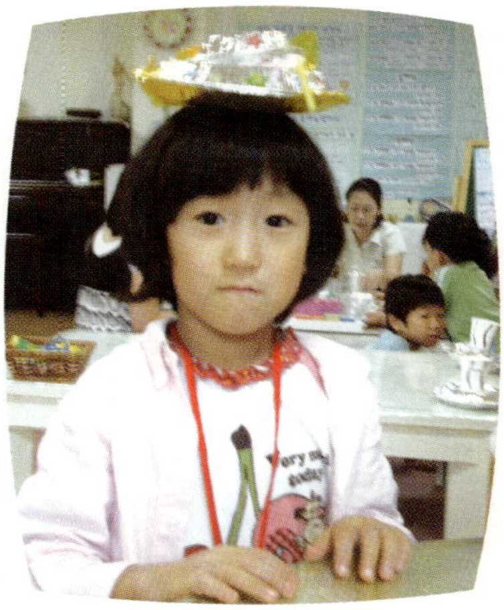

모자로봇을 만드는 유아들의 모습

이렇듯 힘의 축이 되는 물의 통로에 대해 생각해 보고 자세한 설계도와 설명을 통해 유아들이 믈 위에서 물의 힘으로 가는 배의 원리를 정확하게 이해하고 있었으며 이러한 원리를 이용하여 물 위에서 움직일 수 있는 다양한 발명품을 창안하는 모습을 관찰할 수 있었다.

또한 유아들은 매우 세밀한 설계도를 계획하였는데 실제로 물 위를 가는 로봇과 곤충을 만들기 위해 구성해 보니 로봇의 균형과 물 위에 뜨게 하는 것이 가장 큰 도전 과제가 되었다.

유아들과 교사가 가장 효율적이고 물 위에서 실제 움직일 수 있는 로봇을 위해 토론하는 모습

물 위에서 균형을 잡는 로봇을 만들기 위해 고심하는 모습

로봇의 전체 모습을 구성하는 모습, 균형을 잡아 구성하는 모습

로봇의 다리 부분(물을 넣을 부분)에 물을 넣어 작동 여부를 살펴보는 모습

다양한 방식으로 물 위에 떠서 앞으로 가는 로봇을 만들어 보는 모습

완성된 곤충로봇 장난감과 물 위를 가는 로봇

물 위에서 빙글빙글 도는 곤충로봇 장난감을 만들고 있는 모습

5. '물의 힘'에 대한 전시회 및 평가

발명품 전시회

기적의 빗물

발명품 전시회가 강당에서 열렸다. 제작한 발명품을 알맞게 전시해 놓고 발표 준비를 하게 되었다. 기적의 빗물 발명품을 간단하게 소개하고 댐에 물을 부어 댐의 단단함을 보여 주기도 하였다. 또한 유아들이 그린 다양한 발명품 전개도도 함께 전시하여 친구들의 다양한 생각들을 알 수 있도록 하였다.

유아들은 이번 발명을 통해 옛날 빗물의 양을 측정하던 측우기를 알게 되었고, 많은 양의 빗물이 사람에게 이로움을 줄 수 있다는 것도 깨닫게 되었다. 또한 발명품을 완성하면서 유아들은 직접 무언가를 발명했다는 성취감을 느끼게 되었다.

발명품을 완성하고 교실에서 다함께

물의 힘을 사용하여 스스로 움직이는 로봇

유아들은 물 위에서 직접 움직이며 즐거움을 주는 곤충 장난감과 물 위를 혼자 움직이는 로봇을 직접 만들었다. 처음부터 유아들이 원한 것은 실제로 움직이는 것을 발명하는 것이었기 때문에 실제 움직이는 모습을 본 유아들의 자신감과 환호는 대단하였다.

직접 발명품을 설계하고 만들어 보는 과정을 통해 유아들은 작은 발견이 어떻게 응용되어 큰 발명품이 되어 사람들을 이롭게 하는지 그 과정을 이해할 수 있었고 실제 움직이는 발명품의 창안을 통해 긍지와 자부심을 가졌다.

교육계획안

<table>
<tr><td colspan="2">활동명</td><td>물에 뜨는 것을 가라앉혀 보자</td></tr>
<tr><td colspan="2">목표</td><td>• 물의 힘 중 부력에 대해서 실험을 통해 알아본다.
• 물에 뜨는 것을 가라앉히기 위한 방법을 생각해 본다.</td></tr>
<tr><td colspan="2">준비물</td><td>모래, 그릇, 저울, 작은 페트병 4개, 큰 페트병 4개, 수조, 물, 동일한 크기의 스펀지</td></tr>
<tr><td rowspan="2">활동방법</td><td>도입</td><td>물에 뜨는 것에 대해 이야기를 나눠 본다.
· 어떤 것들이 물에 뜨니?
· 왜 물에 뜨게 되는 걸까?

물에 뜨는 것을 가라앉히려면 어떻게 해야 하는지 이야기를 나눠 본다.
· 물에 떠있는 페트병을 가라앉히려면 어떻게 해야 할까?</td></tr>
<tr><td>전개</td><td>준비된 실험 재료를 소개한다(스펀지, 스티로폼 고리, 모래, 페트병 등).
· 스펀지를 물에 넣으면 어떻게 될까?
· 시간이 지나면 스펀지가 어떻게 될까?
· 물에 떠 있던 스펀지가 왜 물속으로 가라앉았을까?
· 물이 들어가 무거워질수록 어떻게 될까?
· 다시 뜨게 하려면 어떻게 해야 할까?
· 스티로폼 고리를 가라앉히려면 어떻게 해야 할까?

실험방법을 소개하고 예상해 본다.
· 페트병은 물에 넣으면 어떻게 될까?
· 페트병을 물에 가라앉게 하려면 어떻게 해야 할까?
· 모래를 얼마만큼 넣으면 가라앉을까?</td></tr>
</table>

활동방법	전개	**실험방법** 1. 페트병 4개를 준비한다. 2. 모래의 무게를 달아 동일하게 각각 한 봉지씩 담아 놓는다. 3. 1페트병에 모래 하나, 2페트병에 모래 둘, 3페트병에 모래 셋, 4페트병에 모래 넷을 넣는다. 4. 페트병을 수조에 띄워 변화를 살펴본다. 5. 페트병에는 가라앉을 때까지 모래봉지를 차례로 넣어 본다. 6. 작은 페트병의 경우 모래의 양에 따라 어떻게 잠기는지 실험해 본다.
	결말	실험결과를 이야기 나눈다. · 우리가 실험을 어떤 순서로 했니? · 물에 뜨는 페트병을 가라앉히려면 어떻게 해야 했니? · 모래 봉지가 몇 개일 때 바닥까지 가라앉았니? · 물에 뜨는 것을 가라앉게 만들어서 우리 생활을 편리하게 해주는 도구로 무엇이 있을까? (잠수함, 해저 망원경, 스쿠버용 물고기 관찰통 등)

잠수함이 바다 속으로 내려가려면?

잠수함(페트병)의 무게	수조에서의 상태	
	예 상	결 과
비커(물 200mL) ______ 개		
비커(물 200mL) ______ 개		
비커(물 200mL) ______ 개		
비커(물 200mL) ______ 개		

<table>
<tr><td colspan="2">활동명</td><td>짐을 물길에 실어 보내요</td></tr>
<tr><td colspan="2">목표</td><td>• 물의 힘을 사용하여 물건을 운송할 수 있다.</td></tr>
<tr><td colspan="2">준비물</td><td>종이상자 배 모형, 정육면체 크기의 나무블록, 물, 수조, 수로, 시계, 실험지, 비커, 큰 양동이, 무역품을 싣고 가는 배의 사진</td></tr>
<tr><td rowspan="2">활동방법</td><td>도입</td><td>물건을 수송하는 방법에 대해 이야기를 나눠 본다.
· 물건을 이쪽에서 저쪽으로 보내기 위해서 어떤 교통수단을 사용할 수 있을까?
· (사진을 보여 주며) 이렇게 많은 물건을 배로 실어서 어디로 가져가는 걸까?
· 배로 실어 갔을 때의 좋은 점은 무엇일까?
 </td></tr>
<tr><td>전개</td><td>준비된 실험재료를 소개한다(배 모형, 수로, 시계, 나무블록 등).
· 배에 나무블록을 실으면 배가 빨라질까? 느려질까?
· 이 수로를 살펴보자. 이 배가 저 수로 끝까지 가려면 시간이 얼마나 걸릴까?

실험방법을 소개하고 예상해 본다.
· 하나도 안 실었을 때 끝까지 가는 데 얼마나 걸릴까?
· 나무블록을 두 개 실었다면 이 수로 끝까지 가는 데 얼마나 걸릴까?
· 나무블록을 네 개 실었다면 이 수로 끝까지 가는 데 얼마나 걸릴까?
· 많이 실은 배가 빠를까? 적게 실은 배가 빠를까?

실험방법

1. 배에 나무블록을 각각 0, 2, 4, 6, 8개 단위로 실어본다.
2. 나무블록을 실은 배를 수로 시작점에서 끝점까지 이동시킨다.
3. 시간을 재어 이동시간이 얼마나 걸리는지 확인한다.
4. 몇 개를 실었을 때 가장 빠른지 결과를 표시한다.</td></tr>
</table>

활동방법		
	전개	5. 몇 개를 실었을 때 움직이지 못하는지 결과를 표시한다. 나무블록에 따라 움직이는 속도를 측정해요.

배에 실린 나무블록의 개수	움직인 시간	
	예 상	결 과

같은 양의 짐을 실은 배가 물의 양에 따라 속도가 어떻게 변화하는지 살펴본다.

짐을 빨리 보내기 위한 방법을 생각해 보아요.

물의 양	움직인 시간은?	
	예 상	결 과
컵		
컵		
컵		
컵		

결말	
	실험결과를 이야기 나눈다. · 몇 개를 실었을 때 배가 움직이지 못했니? · 물의 양에 따라 배가 움직이는 속도는 어땠니? · 배를 빠르게 움직이게 하려면 어떻게 해야 할까?

<table>
<tr><td colspan="2">활동명</td><td>물의 힘을 이용하여 움직이는 배 실험</td></tr>
<tr><td colspan="2">목표</td><td>• 물의 힘을 이용하여 움직이는 배를 만들어 본다.
• 배가 움직이는 원리에 대해 알아본다.</td></tr>
<tr><td colspan="2">준비물</td><td>은박 접시, 종이컵, 빨대, 접착제, 비닐테이프 등</td></tr>
<tr><td rowspan="2">활동방법</td><td>도입</td><td>물의 힘을 이용하여 움직이는 배에 대해 이야기 나눈다.
· 물 위에서 배가 움직이는 것을 보았니?
· 앞으로 움직이는 배를 만들려면 무엇이 필요할까?</td></tr>
<tr><td>전개</td><td>준비된 실험 재료를 소개한다(접시, 빨대, 종이컵 등).
· 이 재료로 어떻게 배를 만들 수 있을까?
· 빨대를 통해 물이 나오면서 앞으로 전진하는 배를 만들려면 어떻게 해야 할까?

실험방법을 소개하고 예상해 본다.

실험방법

1. 두 장의 은박 접시를 서로 마주 포갠 다음 스테이플러로 붙인다.
2. 종이컵 아래쪽에 구멍을 뚫고 빨대를 끼운다.
3. 물이 새지 않도록 접착제를 붙인다.
4. 은박 접시 한가운데에 종이컵을 넣고 고정시킨다.
5. 물에 띄운 후 종이컵에 물을 담는다.
6. 빨대로 물을 내뿜어 그 힘으로 전진한다.

물을 이용해서 움직이는 배를 만들어요
<table><tr><th colspan="2">움직이는 방법</th></tr><tr><th>예 상</th><th>결 과</th></tr><tr><td></td><td></td></tr></table></td></tr>
</table>

<table>
<tr><td rowspan="2">활동방법</td><td>전개</td><td>어떻게 앞으로 나가는 걸까?
배가 앞으로 나가는 모습을 관찰해 그려 보세요.</td></tr>
<tr><td>결말</td><td>실험결과에 대해 이야기 나눈다.
· 우리가 만든 배는 어떻게 스스로 앞으로 나갈 수 있었니?
· 빨대를 굽은 모양을 쓰면 어떻게 될까?(나가는 방향을 조절할 수 있다.)</td></tr>
</table>

<table>
<tr><td colspan="2">활동명</td><td>힘차게 위로 내뿜는 물</td></tr>
<tr><td colspan="2">목표</td><td>• 물의 힘을 사용하여 아래로 흐르는 물을 위로 솟게 하는 방법을 생각해 본다.
• 실험활동을 통해 결과를 예상하고 검증해 볼 수 있다.</td></tr>
<tr><td colspan="2">준비물</td><td>호스, 테이프, 깔때기, 물주전자, 핀, 피스톤 주사기, 비닐봉지, 물</td></tr>
<tr><td rowspan="2">활동방법</td><td>도입</td><td>분수에 대해 이야기를 나눠 본다.
· 물은 어디서 어디로 흐르니?
· 아래에서 위로 흐르는 물을 본 적 있니?
· 물이 아래에서 위로 흐르는 것을 무엇이라고 하니?</td></tr>
<tr><td>전개</td><td>아래에서 위로 솟구치는 분수를 만드는 방법에 대해 생각해 본다.
· 분수를 만들려면 무엇이 필요할까?
· 분수를 어떻게 만들 수 있을까?
– 비닐봉지에 물을 넣어 누르기, 피스톤으로 위로 쏘기 등
· 어떻게 하면 물을 솟구치게 만들 수 있을까?

준비된 실험 재료를 소개한다.
· 이 재료로 어떻게 분수를 만들 수 있을까?

실험방법을 소개하고 예상해 본다.

실험방법

1. 플라스틱 대롱의 한쪽 끝을 깔때기에 연결시킨다. 다른 한쪽은 테이프로 단단히 막는다.
2. 대롱을 막은 테이프에 핀으로 작은 구멍을 뚫는다.
3. 대롱이 가득 차도록 깔대기에 물을 충분히 붓는다.
4. 대롱 끝을 깔때기보다 높게 잡고 있다가 조금씩 아래로 내린다.
5. 대롱 끝의 작은 핀 구멍에서 물이 어떻게 되는지 관찰한다.</td></tr>
</table>

<table>
<tr><td rowspan="2">활동방법</td><td>전개</td><td>물이 솟아나게 하려면?
<table><tr><td rowspan="2">물의 높이 (깔때기)</td><td colspan="2">대롱 끝에서 나오는 물의 양, 높이</td></tr><tr><td>예 상</td><td>결 과</td></tr><tr><td>1단계
(깔때기와 대롱의 높이 동일)</td><td></td><td></td></tr><tr><td>2단계
(30cm 위)</td><td></td><td></td></tr><tr><td>3단계
(60cm 위)</td><td></td><td></td></tr></table></td></tr>
<tr><td>결말</td><td>실험결과를 이야기 나눈다.
· 물이 위로 솟아오르려면 어떻게 해야 했니?
· 깔대기 물의 높이에 따라 분수가 어떻게 나왔니?
· 분수가 되려면 어떻게 해야 분수를 만들 수 있는걸까?
(물의 근원이 분수 나오는 곳보다 높은 곳에 있을 때만 분수의 물이 위로 솟아 오른다)</td></tr>
</table>

'물의 힘' 의 이해를 돕기 위한 tip

우리나라는 최근 10년 이래 큰 풍수해 피해를 겪었다. 엘리뇨가 대기운동에 큰 영향을 미쳤던 작년은 전지구적인 기상이변이 발생했으며, 그 여파로 동아시아지역의 양쯔강 유역, 한국, 일본에 집중호우가 있었다. 서울지역의 경우 서울전역에 걸쳐 게릴라성 집중호우가 연강우량의 83%에 달하는 약 1,100mm가 내렸으며 98년 8월 3일부터 6일까지의 3일간 강우량은 501mm로서 1990년 홍수 486mm를 능가하는 강우량을 기록하였다. 이로 인해 중랑천 유역이 범람하였고, 인명피해 19명, 공공시설 270억 원, 사유재산 244억 원의 재산피해와 4만 세대의 주택침수가 있었다. 피해는 서울뿐만이 아니라 경기도 전역에 걸쳐 확산되었으며, 경기북부지역인 문산읍의 경우 850mm의 강우량과 910억 원의 재산피해를 경험하였다(최충익, 1999 : 68-71).

매년 2~3차례에 걸쳐 우리나라를 내습하는 태풍과 집중호우인 장마 등으로 인해 우리나라는 한 해에 평균 7번 정도 물난리를 겪고 있으며 연평균 국민총생산(GNP)의 0.2%에 달하는 5,800여억 원의 재산손실과 164명의 인명손실, 4만 3,777명의 이재민 발생이 이어지고 있다. 현대 도시는 시간의 흐름과 더불어 고도화되고 복잡해지고 있다. 도시의 팽창과 토지의 고밀도 이용으로 도시 내 인구가 밀집되고, 인공구조물이 수평적 · 수직적으로 중첩됨에 따라 도시지역의 재해가 복합재난으로 발전할 가능성이 높아지고 있다. 대규모적인 자연환경의 개조로 인한 국지성 호우, 저지대 또는 급경사지의 도시개발, 지표면 포장에 의한 우수유출속도의 변화, 침수 수위 이하의 지하공간개발 등으로 도시지역의 재해취약성은 증폭되고 있으며, 지금까지의 전통적인 재해취약공간만이 아니라 새로운 도시공간들이 재해취약지역으로 편입되고 있는 실정이다.

4 장

태양의 힘

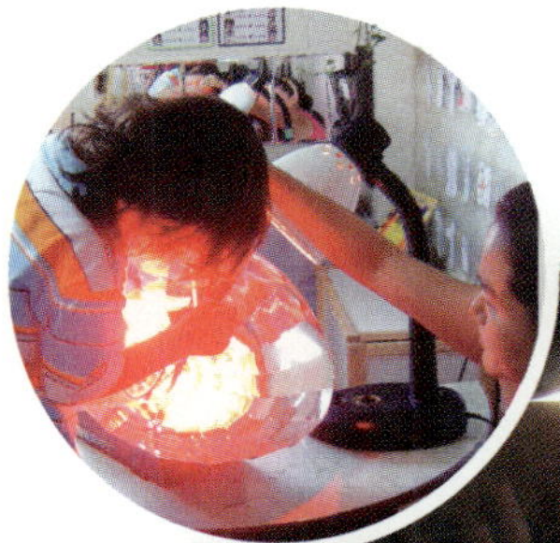

4장 태양의 힘

1. '태양의 힘'의 교육적 가치

태양은 유아들이 때와 장소에 관계없이 앞마당 놀이나 산책을 할 때 만나는 자연물로 다양한 교육적 가치를 가지고 있다. 앞마당 놀이나 바깥 놀이시, 유아들이 느끼는 태양의 따뜻함은 태양에 대한 여러 가지 개념과 지식을 자연스럽게 학습하면서 정서적 안정감을 가질 수 있을 뿐 아니라, 다양한 실험활동을 통해 태양의 중요성과 태양의 힘에 대해 알 수 있는 좋은 매개체가 된다.

태양은 지구와 가깝고, 스스로 열과 빛을 내는 항성의 하나이다. 태양은 인류의 주요 에너지 공급원으로 지구의 모든 생물들에게 많은 영향을 미친다. 태양의 빛은 식물이 광합성을 하는 데 필요하고, 열은 생물이 자라는 데 알맞은 온도를 유지해 준다. 또한 비가 오고 바람이 부는 등의 일기 변화나 바닷물의 흐름도 모두가 태양의 영향을 받는다. 석탄과 석유는 태양의 빛을 이용하여 자랐던 옛날 생물이 오랜 세월에 걸쳐 변한 것이며, 석탄을 이용하는 화력발전소의 전기도 모두 태양에너지에서 온 것이라 할 수 있다. 최근에는 태양 빛을 직접 전기로 바꾸는 태양 전지가 여러 산업 분야에서 이용되고 있다.

그러나 최근 문제화 되고 있는 지구온난화현상과 사막화, 이상기온에 따른 해수면 상승 등은 인류를 위협하고 있다. 최근 세계 곳곳에서 발생한 대홍수로 수많은 사상자와 이재민이 발생한 것과, 중동의 때 아닌 폭설과 미국에서의 폭우로 인한 자연재해 등은 지구온난화와 관련 있는 기상이변현상이다. 지구온난화가 진행됨에 따라 지구 전역에 걸쳐 강수량과 기온의 변화가 일어나고 있다. 지구온난화는 남극과 북극의 얼음을 녹여 해수면의 상승을 일으키고 전 세계 농업 생산량에도 영향을 미쳐 식량 부족 현상을 초래할 수 있다.

이렇듯 태양은 우리의 일차적인 에너지원이며, 생명을 유지하고 삶을 이어가게 해주는 소중한 존재이나 큰 재앙의 원인이 되기도 한다. 따라서 유아들과 함께 태양의 힘을 이해하고 태양으로 인한 자연재해와 대비방법을 알아보는 것은 교육적으로 의미가 있다고 본다. 유아들은 다양한 실험활동을 통해 태양이 가지고 있는 특성과 태양이 우리 생활에 미치는 영향에 대해 알아 볼 수 있다. 또한 온도가 물질의 상태변화에 미치는 영향에 대해 알아가면서 태양의 힘에 의한 자연재해와 그 대비 방법에 대해 토의할 수 있다. 아울러 태양에 대한 실험결과를 토대로 발명품을 제작하는 과정에서 새로운 시도를 해봄으로써 문제 해결력과 창의성을 향상시킬 수 있으리라 본다.

2. '태양의 힘' 의 과학적 개념

- 태양은 고온의 열을 가지고 있다.
- 태양은 빛을 발산하고 빛은 여러 가지 특성을 가진다.
- 심한 자외선은 피부에 손상을 입힐 수 있다.
- 태양의 힘은 물체의 상태를 변화시킬 수 있다.
- 태양은 에너지를 가지고 있다.
- 태양의 힘은 인간이 조절할 수 없다.
- 태양의 힘은 우리 생활에 다양한 영향을 미친다.
- 태양의 힘은 우리 생활에 유용하게 사용될 수 있다.

3. '태양의 힘' 에 대한 발견의 과정

1) 태양의 힘이 우리 생활에 미치는 영향 (가뭄 실험)

실험도구 탐색

실험도구	점토, 여러 가지 자연물 및 사물, 오븐, 가뭄 관련 사진자료

가뭄 실험은 태양의 힘이 우리의 생활 터전인 땅에 미치는 영향을 알아보는 실험이다. 점토와 자연물을 활용해 땅을 만들고 오븐에 넣은 후 실험결과를 탐색해 보면서 가뭄 현상을 이해하고 태양의 힘이 우리 생활에 미치는 영향을 함께 생각해 볼 수 있다. 아울러 변화된 땅의 모습을 통해 자연재해의 심각성을 깨닫고 이에 대비하는 방법 및 태양의 힘을 우리 생활에 어떻게 활용할 수 있을지에 대해서도 함께 살펴볼 수 있는 실험이 되었다.

발견실험 내용

유아들이 가지고 있는 가뭄에 대한 생각을 나누면서 실험이 시작되었다.

교사 : 가뭄에 대해 들어 본 적 있니?

유아 1 : 가뭄? 가뭄이 뭐지?

교사 : 가뭄은 무엇일까? 가뭄하면 어떤 말이 떠오르니? 가뭄은 왜 일어나는 것일까?

유아 2 : 뜨거운 거요.
비가 안 와서 땅이 갈라지는 거예요.
식물들이 다 말라버리는 거예요.

교사 : 실제로 태양이 오랫동안 비추면 어떻게 될까?

유아 3 : 나뭇잎이 다 말라 버릴 것 같아요. 태양열은 뜨겁거든요.
머리가 뜨거워지고 땀이 많이 나서 사람들은 죽을 거예요.
왜냐하면 몸에서 물이 없어지거든요.

교사 : 그렇구나. 그럼 이제부터 우리가 직접 가뭄 실험을 해보자.

유아들은 점토와 자연물을 이용하여 땅의 모습을 자유롭게 표현하고 가뭄이 들었을 때의 변화를 예측해 보았다.

교사 : 먼저 우리가 살고 있는 땅의 모습을 점토와 자연물을 이용하여 표현해 보자.

유아 1 : 여기는 토마토 밭이에요. / 고추집도 만들었어요.

유아 2 : 울퉁불퉁한 언덕이에요. / 마카로니 놀이터도 있어요.

유아 3 : 나뭇잎으로 집도 만들었어요. / 초콜릿 수영장도 있어요.

유아 4 : 고추로 축구장도 만들었어요.

교사 : 가뭄이 들었다면 어떻게 변하게 될까?

유아 1 : 고추가 잘라질 것 같아요.

유아 2 : 점토가 모두 검은 색으로 변해요.

유아 3 : 집이 무너질지도 몰라요.

유아 4 : 놀이터가 다 부서질 것 같아요.

유아 5 : 식물들이 모두 타 버릴 거예요.

교사 : 그럼 오븐에 우리가 구성한 땅을 넣어 보자. 오븐 속은 온도가 높고 건조해서 가뭄과 비슷한 상황이란다.

유아들은 오븐에 자신들이 만든 땅을 넣고 일정한 시간 동안 변화를 관찰했다. 실험을 진행한 뒤 유아들은 변화된 땅의 모습에 놀라움을 감추지 못하였다. 비록 실험 전 예상하기에서 땅이 갈라지고, 나뭇잎이 타는 모습을 예상하기는 하였으나 실험 후 마을의 모습은 유아들의 예상보다 더 심각하였다. 이러한 모습을 살펴보며 유아들은 태양의 힘이 얼마나 큰지를 느낄 수 있었으며, 이러한 자연재해에 대처할 수 있는 방안들을 알아봐야겠다는 생각을 하게 되었다. 유아들은 실험결과를 활동지에 기록하고 가뭄 현상의 심각성과 피해에 대해 다시 한 번 깨닫게 되었다.

교사 : 오븐에 넣었던 땅이 어떻게 되었니?

유아 1 : 토마토가 갈라졌어요. / 고추가 쭈글쭈글해요.

나뭇잎이 딱딱해요. / 마카로니 색이 갈색으로 변했어요.

유아 2 : 동물들이 모두 죽을 것 같아요. / 점토가 갈라졌어요.

유아 3 : 땅에서 연기가 나요. / 손으로 만지면 뜨거워요.

발견실험 결과

실험을 마친 유아들과 가뭄을 극복할 수 있는 방법에 대해 이야기 나누어 보았다.

교사 : 만약 태양이 계속 떠 있다면 우리는 어떻게 될까?

유아 1 : 오늘 실험처럼 가뭄이 와서 모두 죽을 것 같아요.

유아 2 : 먹을 것도 없고 너무 뜨거워요.

유아 3 : 나무랑 물고기랑 다 죽어요.

교사 : 그렇다면 가뭄이 왔을 때 우리는 어떻게 해야 할까?

유아 1 : 물이 많아야 해요.

유아 2 : 아, 비를 모아요.

유아 3 : 북극에서 얼음을 가져 오면 되요.

유아 1 : 아니야. 얼음도 다 녹아버려.

유아 2 : 미리 물을 넣어 두면 좋겠어요.

교사 : 맞아. 가뭄은 모든 것을 마르게 하니까 물을 아껴서 가뭄이 왔을 때 사용하면 좋을 것 같다.

유아 1 : 그런데 그 물로 다 말라버리면요?

유아 2 : 맞아! 태양이 계속 내리쬐면?

유아 3 : 그러니까 우리가 물을 아껴써야지!

유아들은 가뭄 실험을 통해 태양의 강렬한 힘뿐 아니라 더불어 물의 소중함까지 알게 되었다. 태양의 힘은 인간이 조절할 수 없는 자연의 섭리이지만 가뭄과 같은 재해를 대비하는 것은 인간의 몫이라는 사실을 알게 된 유아들은 물을 왜 아껴 써야 하는지에 대한 분명한 이유를 깨닫게 되었다.

2) 태양의 특성인 빛에 대해 알아보기 (햇빛으로 그림 그리기)

실험도구 탐색

실험도구	감광지, 투명비닐, 필름, 검정색 네임펜, 여러 가지 자연물, 물, 집게

이 실험은 물질의 변화를 통해 태양의 특성인 빛에 대해 알아보는 실험이다. 감광지는 빛을 투과시킬 수 있는 종이로 일정 시간 빛에 종이를 노출시키고 흐르는 물로 씻었을 때 빛을 받지 않는 부분이 하얗게 변하는 특성을 가지고 있다. 유아들은 감광지 위에 여러 가지 사물들을 올려놓고 빛을 쏘인 후의 변화를 지켜보았다.

발견실험 내용

유아들과 햇빛에 관한 경험을 나누면서 태양의 대표적 특성인 빛에 대해 알아보면서 실험이 시작되었다.

교사 : 하늘에 떠 있는 태양을 바라본 적 있니?

유아 1 : 네. 동그랗게 떠있어요.

유아 2 : 눈이 부셔서 잘 볼 수 없어요.

유아 3 : 태양을 보면 어지러워요.

유아 4 : 선글라스를 쓰면 돼.

교사 : 왜 태양을 바라보면 눈이 부시고 어지러울까?

유아 1 : 태양이 뜨거우니까요.

유아 2 : 태양만 보면 눈이 나빠진다고 엄마가 말씀하셨어요.

교사 : 바로 태양이 빛을 비추기 때문에 우리 눈이 부신 거란다.

유아 3 : 맞아. 그래서 낮이 밝아요.

교사 : 그럼 태양이 하루 종일 비추면 어떻게 될까?

유아 4 : 밤이 없어요.

유아 5 : 잠을 못자요.

유아 1 : 계속 놀면 재미있겠다.

유아 2 : 눈이 아플 것 같아요.

교사 : 다행히도 밤에는 우리 눈에 태양이 보이지 않을 만큼 멀리 떨어져 있기 때문에 강한 태양 빛의 영향을 받지 않는 거란다. 그렇다면 선글라스를 쓰지 않고 태양 빛을 살펴 볼 수 있는 방법은 없을까?

유아 3 : 없어요. 선글라스를 쓰면 검게 보여요.

유아 4 : 태양을 보면 눈이 저절로 감겨서 하나도 안 보여요.

교사 : 그럼 이 종이를 한번 볼까? 이 종이에는 약이 발라져 있어서 빛을 통과시킬 수 있단다. 우리 이 종이를 활용해서 빛이 지나가는 길을 살펴보자.

유아들과의 이야기를 통해 태양 빛에 대한 유아들의 생각을 알 수 있었으며 감광지를 활용하여 빛의 투과 과정을 관찰했다. 먼저 파란색 감광지를 비닐팩에 넣고 그 위에 여러 가지 자연물과 사물들을 자유롭게 올려놓았다. 또한 비닐 위에 검은색 네임펜으로 이름도 적어 본 후 일정 시간 동안 빛에 종이를 노출시켰다.

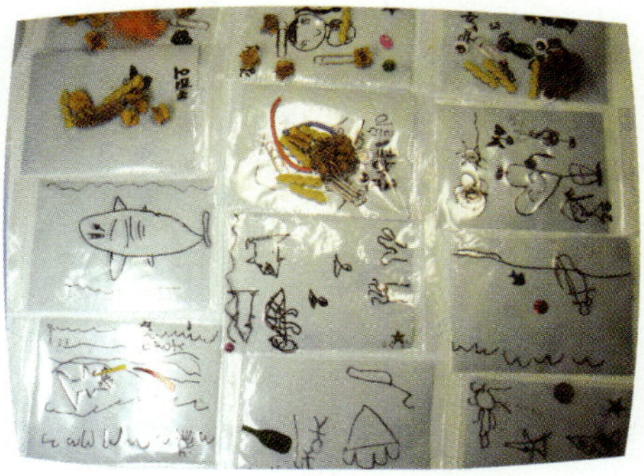

교사 : 감광지가 어떻게 변할까?

유아 1 : 종이가 빨간색으로 변했을 것 같아요.

유아 2 : 솔방울 모양으로 그림자가 나올 거예요.

유아 3 : 난 파란색 그대로일 것 같은데….

유아4 : 종이가 구부러져 있을 것 같아요.

유아들은 자신의 실험결과를 예측해 보고, 빛에 노출된 감광지를 살짝 물에 씻어 말렸다. 물이 마르고 시간이 지나면서 파랗던 감광지가 연하게 되면서 물건을 올려놓은 부분이 하얗게 된 것을 발견했다.

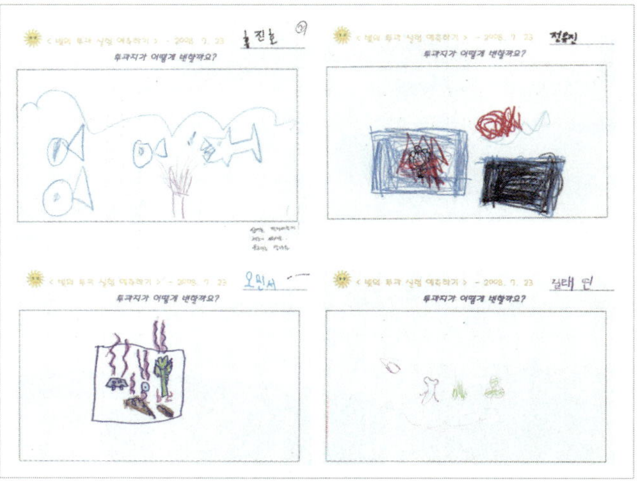

감광지의 변화 예측하기

유아 1 : 하늘색으로 변했다!

유아 2 : 내 이름이 흰색으로 변했어.

유아 3 : 선생님 종이에 흰색이 생겼어요.

교사 : 그렇구나. 자, 어디에 색이 변했니?

유아 1 : 클립을 올려놓은 곳에 클립 모양으로 흰색이 생겼어요.

유아 2 : 내 이름도 흰색으로 변했어요.

유아 3 : 여기 나뭇잎 올린 곳이 흰색으로 변했어요.

교사 : 실험 전에 예측했던 모습과 실험 결과가 어떻게 다르니?

유아들은 실험결과를 활동지에 기록하고 자신이 실험했던 감광지를 다시 한 번 살펴보았다.

발견실험 결과

유아들은 여러 가지 물건을 감광지에 올려놓고 빛을 비추었다. 실험결과 빛이 통과하지 못하는 곳은 하얗게 변하는 것을 볼 수 있었으며, 진한 파란색이었던 감광지가 연하게 된 것을 살펴 볼 수 있었다.

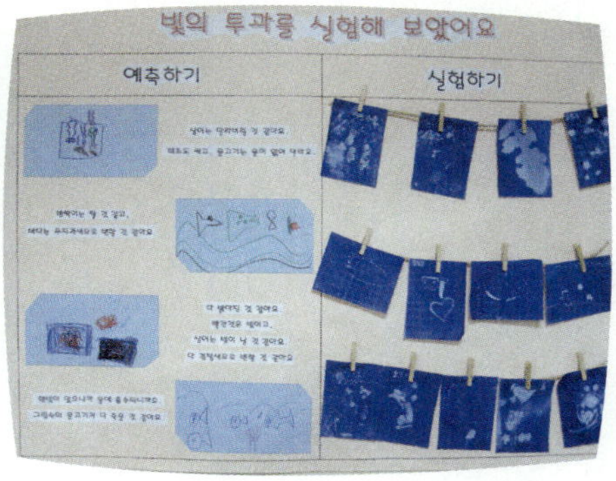

교사 : 왜 색의 변화가 일어났을까?

유아 1 : 나는 안 변할 줄 알았는데 파란색이 하늘색이 되었어요.

유아 2 : 알았다. 태양 때문이야.

유아 3 : 물건이 있는 곳에는 그림자가 있어서 하얗게 된 거야.

교사 : 그래. 감광지가 물건이 있었던 곳과 검정색으로 글씨를 쓴 부분만 하얗게 변했구나. 감광지의 다른 부분은 빛이 통과해서 하늘색으로 되었네.

유아 1 : 그럼 다른 색으로 이름을 쓰면 어떻게 되지?

교사 : 그럼 이번에는 다른 색으로 이름을 써서 변화를 살펴보자.

다시 시도한 결과 이번에는 빛이 통과되어 하얀색이 생기지 않았음을 발견했다.

이 실험을 통해 유아들은 빛이 물질을 변화시킬 수 있음을 알게 되었고 조건에 따라 태양 빛의 투과 여부가 달라진다는 사실도 새롭게 알 수 있었다. 아울러 햇빛의 특성을 우리 생활에 어떻게 활용할 수 있을지에 대해서도 생각해 볼 수 있는 의미 있는 시간이었다.

교사 : 그럼 빛으로 우리는 무엇을 할 수 있을까?
유아 1 : 감광지 옷을 만들어요. 옷 색깔이 바뀌면 재미있을 거예요.
유아 2 : 빛을 모아 두었다가 밤에 필요할 때 썼으면 좋겠어요.
유아 3 : 빛으로 비가 와서 젖은 옷을 빨리 말릴 수 있어요.

3) 생활 속 자외선 찾아보기

실험도구 탐색

실험도구	자외선 팔찌, 자외선 체크카드, 활동지, 카메라, 필기구

태양은 광범위한 파장을 가진 빛 에너지를 방출한다. 이 실험은 유아들이 눈에 보이지는 않지만 여름철 더 강해진 자외선에 대해 알아보고 이에 대비할 수 있는 방법을 스스로 찾아볼 수 있는 기회를 제공한다. 실험도구로는 자외선의 강도를 알아볼 수 있는 체크카드와 자외선에 반응하는 세라믹 비즈, 활동지, 카메라, 필기구가 필요하다. 자외선에 의해 색이 변한 특수 비즈와 가죽끈을 활용하여 유아들은 목걸이와 팔찌를 만들었으며 생활 속에서 자외선의 영향을 많이 받고 있다는 사실을 알 수 있었다.

발견실험 내용

유아들과 함께 자외선에 대해 알아보고 자외선의 강도를 측정하는 방법을 찾아보았다.

교사 : 여름에 왜 선크림을 바를까?
유아 1 : 안타려고요.
유아 2 : 놀이터 갈 때에 꼭 발라야 한 댔어요.

유아 3 : 모자도 같이 쓰면 덜 타요.

교사 : 그래. 여름에는 사람들이 선크림을 많이 바르지. 그런데 왜 우리 몸은 타는 걸까?

유아 4 : 지난번에 바닷가에서 놀고 껍질이 벗겨졌어요.

유아 5 : 우리 아빠는 팔이 살색이 아니라 갈색이야.

유아 2 : 햇볕이 뜨거워서요.

유아 1 : 원래 더울 때 놀면 다 타요.

교사 : 그래 너희들 말이 맞아. 바로 태양열과 빛 속에는 여러 가지 보이지 않는 것들이 함께 들어 있는데 그 중에 자외선이라는 빛을 많이 받게 되면 우리 몸이 빨갛게 타게 되고 심하면 간지럽고 검은색 반점이 생기기도 한단다. 혹시 너희들도 자외선이라는 말을 들어 보았니?

유아 : 네.

유아 2 : 선크림에 나와있어요.

유아 4 : 텔레비전에서 들은 적 있어요.

유아 5 : 모자를 쓰면 얼굴이 안타요.

유아들과의 대화를 통해 자외선에 대해 잘 모르지만 유아들이 자외선이란 단어에 꽤 익숙하다는 것을 알 수 있었다. 유아들이 눈에 보이지 않는 자외선을 이해하기란 쉽지 않기 때문에 자외선에 의한 물질의 변화를 알기위한 경험이 필요했다. 그래서 자외선 체크카드와 특수 세라믹 비즈를 준비했고 자외선에 의해 두 물질이 어떻게 변하는지 함께 살펴보기로 했다.

실험결과 예상하기

자외선 카드에 대해 알아보고 자외선이 강한 곳과 약한 곳을 예측해 보았다.

교사 : 이 체크카드는 자외선이 강한 정도를 알 수 있는 카드인데 이 흰 부분이 어떻게 변할지 한번 살펴보자. 그럼 먼저 유치원에서 햇빛이 강한 곳은 어디일까?

유아 1 : 창문이요. 햇빛이 창가에 제일 많이 비추니까요.

유아 2 : 미끄럼틀에서 놀 때 가장 더웠어요. 햇빛이 강한데 지붕이 막혀 있잖아요.

유아 3 : 나도 미끄럼틀이 햇빛이 가장 잘 들 것 같아요. 미끄럼틀에서 제일 더워요.

유아 4 : 축구를 하다보면 등이 뜨거워요. 축구장이 제일 햇빛이 많은 곳 같아요.

유아 5 : 텃밭이요. 풀이랑 토마토가 햇빛 때문에 잘 자라요.

유아 6 : 목공놀이터에 햇빛이 많이 들어와요.

교사 : 그렇구나. 그럼 반대로 유치원에서 햇빛이 약한 곳은 어디일까? 왜 그렇게 생각하니?

유아 1 : 나무 아래가 큰 나무가 있어서 햇빛이 잘 안 들어요. 시원한 그늘이 있어요.

유아 2 : 모래놀이터요. 물놀이도 함께 할 수 있어서 시원해요.

유아 3 : 파란하늘반은 시원해요.

유아 4 : 교무실 창문이 작아요.

유아 5 : 어린이 궁전이요. 지붕이 막혀 있고 창문만 있잖아요. 햇빛이 못 들어와요.

교사 : 그렇구나. 그럼 이제부터 우리가 이야기한 장소에 직접 가서 자외선이 있는지 살펴 볼까?

유아들은 예측한 사항을 활동지에 기록하고 토의한 후, 실제 살펴 볼 곳을 투표로 결정했다.

유아들이 자외선을 측정한 곳

자외선 체크카드를 이용하여 자외선을 측정하는 유아들의 모습

그리고 결정된 장소로 이동하여 자외선 체크카드와 자외선 팔찌를 이용하여 자외선의 강도를 측정했다. 자외선 체크카드와 특수 비즈는 자외선을 받으면 색깔이 변했다. 자외선 체크카드는 자외선이 강할수록 흰색이었던 부분이 점점 더 진한 파란색으로 바뀌었으며 역시 흰색이었던 특수 비즈는 다양한 색으로 변했다. 이러한 변화를 경험한 유아들은 보이지 않지만 우리 주변에 자외선이 많다는 사실을 알게 되었다.

교사 : 시간이 지날수록 자외선 팔찌와 자외선 체크카드가 어떻게 변했니?

유아 1 : 더 파랗게 변했어요.

유아 2 : 자외선 체크카드가 파란색으로 변했어요. 미끄럼틀에 올라가면 다 파란색으로 바뀌었어요.

유아 3 : 카드 색이 달라졌어요. 흰색이 파랗게 변했어요. 텃밭에 놓은 카드가 먼저 파래졌어요.

유아 4 : 카드가 약간 변했어요. 강당에 카드는 하나도 변하지 않았어요. 목공놀이할 때에는 모자가 필요없어요.

교사 : 그렇구나. 그럼 유치원에서 자외선이 가장 강한 곳과 약한 곳은 어디인지 한번 적어 볼까?

다함께 실험결과를 기록하면서 하얗던 자외선 체크카드가 파랗게 변하는 정도에 따라 요주의, 주의, 약간주의로 분류할 수 있다는 사실을 알게 되었다.

발견실험 결과

실험결과를 기록한 유아들과 함께 자외선이 강한 곳에 대해 이야기를 나누었다.

교사 : 왜 팔찌와 체크카드가 변했을까? 예측했던 것과 실험결과가 어떻게 다르니?
유아 1 : 더우면 팔찌 색이 변해요.
유아 2 : 목공놀이터 안에는 햇빛이 별로 없었어요.
유아 3 : 미끄럼틀에 자외선이 진짜 많아요. 완전 파랗게 변했어요.
유아 4 : 나는 축구장인 줄 알았어요. 축구할 때 정말 덥거든요.
유아 5 : 자외선이 많으니까 팔찌가 보라색으로 변했어요.
유아 6 : 나는 텃밭에서 분홍색 목걸이로 변했는데….
유아 3 : 선생님 그런데 교실에 돌아오니까 목걸이가 다시 흰색이 되었어요.
유아 4 : 내 것도 흰색이에요. 마법사 같다!
유아 5 : 그럼 태양이 마법사야? 아니면 우리가 마법사야?
유아 1 : 선생님 그럼 밖에 나가면 다시 변해요?
유아 2 : 교실 안이 태양이 안 비춰서 그런가?
교사 : 글쎄. 그럼 창 밖에 다시 한 번 카드를 두고 살펴보자.

실험결과 다시 색이 바뀌는 것을 발견했다.

유아 1 : 선생님 카드가 다시 변했어요.
교사 : 그래. 자외선의 영향에 따라 색이 변할 수 있어.
유아 1 : 자외선은 우리 주변에 아주 많아요.
교사 : 그럼, 자외선을 막으려면 무엇이 필요할까?
유아 1 : 선크림이요!
유아 2 : 선글라스요.
유아 3 : 우리 집에는 로션도 있어요.
교사 : 그렇구나. 그 외에도 자외선으로부터 피부를 보호하기 위해 사람들은 선스프레이나 여러 방법들을 발견했단다. 너희들이 앞마당에 놀러 나갈 때 모자를 쓰는 것 역시

햇빛으로부터 얼굴 피부를 보호하는 한 방법이지. 자, 여름방학 동안 실외에 나갈 때에는 어떻게 해야 할까?

유아 1 : 자외선 때문에 모자를 꼭 써요.

유아 2 : 선크림을 꼭 바르고 놀이터에 가요.

유아 3 : 나는 여행갈 때 선글라스를 꼭 쓸 거예요.

유아 4 : 아주 더울 때에는 집에 있을래요.

실험결과 자외선이 강한 순서

1. 앞마당의 미끄럼틀
2. 텃밭, 축구장
3. 목공놀이터

변화된 자외선 체크카드와 자외선 팔찌를 관찰한 유아들은 자외선이 생각했던 것보다 가까이에 있다는 사실과 장소에 따라 자외선의 강도가 다를 수 있다는 것을 새롭게 알게 되었다. 태양에 대한 구체적인 정보 보다는 실험을 통해 태양 속 자외선이 피부에 해로울 수 있으며 태양이 강할수록 자외선 역시 강해진다는 사실을 알게 되었고 여름방학 동안 스스로 자외선에 대비하는 방법을 생각해 본 실험이었다.

4) 태양의 힘인 '열'에 대해 알아보기 (태양열 모으기 실험)

실험도구 탐색

실험도구	태양열 조리기, 컵, 온도계, 햇빛, 물, 초시계

이 실험은 태양의 힘인 열에 대해 알아보는 실험으로 유아들이 태양에 대해 가지고 있는 기본적 특성을 알아보고 직접 열의 존재를 경험할 수 있도록 하기 위해 계획되었다. 태양열 조리기는 우리 생활 곳곳에 이용되고 있는데 교육용으로 만들어진 태양열 조리기를 구입하여 유아들은 가까이에서 태양열 조리기를 탐색했다. 두 개의 컵에 물을 넣고 같이 태양을 비추었을 때 태양열 조리기 안에 있던 컵과 그렇지 않은 컵의 물의 온도를 비교해 봄으로써 실제로 태양열이 우리 생활에 이용되는 방법에 대한 기본 개념을 이해하는데 도움이 되는 실험이다. 태양열 모으기 실험을 시작하기 전에 유아들과 함께 '해님과 바람' 이솝 우화를 살펴보고 유아들이 태양에 대해 가지고 있는 생각들을 모으는 시간을 보냈다.

교사 : '태양' 하면 무엇이 생각나니?

유아 1 : 더워요. / 따뜻해요. / 눈이 부셔요. / 태양은 뜨거워요.

유아 2 : 선글라스와 모자가 필요해요.

유아 3 : 땀이 나요. / 눈이 부셔요.

유아 4 : 선크림을 발라야 안타요.

교사 : 그럼 태양이 오랫동안 비추면 어떻게 될까?

유아 1 : 나뭇잎이 다 말라버릴 것 같아요. 태양이 뜨겁거든요.

유아 2 : 머리가 아프고 땀이 많이 나서 사람들이 죽을 거예요.

유아 3 : 바닷물도 점점 줄어들고 오징어도 말라요.

유아 4 : 나무는 다 말라요. / 지렁이가 말라 죽어요.

교사 : 태양의 힘은 우리에게 필요가 없을까? 그 뜨거운 열기를 우리 생활에서 어떻게 사용할 수 있을까?

유아 1 : 젖은 옷을 말려요.

유아 2 : 음식도 만들 수 있어요. 텔레비전에서 봤는데….
유아 3 : 추운 나라에 보내주면 좋을 것 같아요.

발견실험 내용

유아들은 태양이 내뿜는 열기가 매우 뜨겁다는 것은 충분히 알고 있었으나 실제로 태양 에너지가 우리 생활에 사용되고 있는 예에 대해서는 구체적으로 알고 있지 못했다. 그래서 유아들의 이해를 돕기 위해 태양열 모으기 실험이 진행되었고 유아들은 태양열 조리기를 탐색했다. 태양열 조리기는 은빛의 특수 날개가 동그랗게 모여 있는 형태였는데 은빛 날개를 직접 만져 보면서 관심을 나타내었다.

교사 : 우리도 한번 태양열을 모아 볼까?
유아 : 네!
유아 1 : 그런데 못 모을 것 같아요.
교사 : 왜 그렇게 생각하니?
유아 1 : 눈이 너무 부시잖아요.
유아 2 : 손이 다 타버릴 텐데….
유아 3 : 맞아 다 뜨거워서 우리가 다치면 어떻게 해요?
교사 : 너희들 말대로 우리 몸으로 태양열을 모으다간 화상을 입을 거야. 그렇지만 우리가 태양열을 모으는 도구를 사용한다면 안전하게 태양열을 모을 수 있단다. 자, 이제부터 태양열 조리기를 살펴보자.

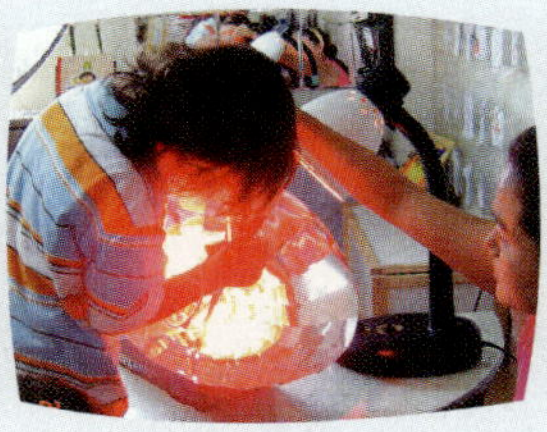
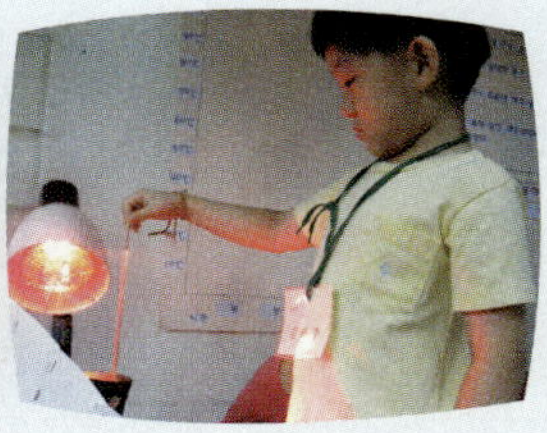

자외선 체크카드를 이용하여 자외선을 측정하는 유아들의 모습

유아 1 : 선생님, 어디로 태양이 들어와요? 장난감 같은데….
유아 2 : 여기 은색이 모두 타면 어떻게 해요?
유아 3 : 왜 이렇게 이상하게 생겼지?

유아 4 : 우리 집에 이렇게 생긴 통이 있어요.

교사 : 글쎄, 모양과 색은 독특하지만, 과학자들이 태양의 힘을 가장 잘 모으기 위한 방법을 꾸준히 연구한 결과 이 조리기를 발명했단다. 어떻게 태양의 힘이 모이게 되는지, 정말 태양의 힘이 모아지는지는 우리가 실험을 해 봐야 알 수 있을 것 같아. 어떻게 실험을 해 볼 수 있을까?

유아 1 : 조리기에 컵이 있어요.

유아 2 : 컵이 한 개 또 있어.

유아 3 : 아, 한 개는 조리기 안에 넣어서 실험해요.

교사 : 그럼 우리가 컵에 무엇을 넣으면 좋을까?

유아1 : 돌을 넣어요.

유아2 : 물을 넣어요.

유아3 : 맞아. 먹는 물을 넣어요.

교사 : 그럼 우리 물을 넣어서 두 개의 컵을 한번 비교해 보도록 하자.

유아들과 실험방법에 대해 이야기하고 어떤 장소에 태양열 조리기를 설치할 것인지를 의논했다. 토론 결과 앞마당에 있는 테이블 위로 장소가 결정되었고 유아들은 두 개의 컵에 같은 양의 물을 담아 한 개는 조리기 안에 나머지 한 개는 조리기 옆에 나란히 두기로 했다.

예측하기를 마치고 유아들과 함께 앞마당에 나가 조리기 안에 물이 든 컵을 넣었다. 그리고 물이 든 또 한 개의 컵은 조리기 옆에 함께 두고 시간에 따른 물의 온도 변화를 알아보았다. 실험 기록은 바로 활동지에 스티커를 붙여 표시했으며 시간이 흐른 뒤 결과표를 보면서 유아들과 실험결과를 함께 살펴보았다.

교사 : 컵의 물이 어떻게 변할까?

유아 1 : 물이 안 변할 것 같아요.

유아2 : 물이 둘 다 따뜻해지면 좋겠어요.

유아3 : 아니, 바람이 불어서 물이 차가워질 거야.

유아4 : 조리기 안의 물은 뜨거워질지도 몰라.

교사 : 그럼 지금부터 실험을 시작해 보자.

태양열 조리기의 물 온도를 측정하는 유아들의 모습

발견실험 결과

유아들과 기록지의 그래프를 함께 살펴보면서 실험결과 및 태양열 조리기에 대한 이야기를 나누었다.

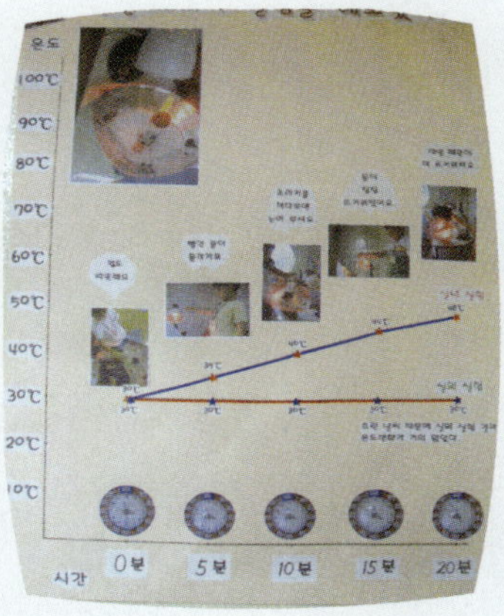

교사 : 시간이 가면서 두 컵 속의 물이 어떻게 변했니? 우리가 완성한 그래프를 한번 살펴보자.

유아 1 : 물이 점점 따뜻해 졌어요.

유아 2 : 조리기 속에 있던 물은 더 많이 올라갔어요.

유아 3 : 컵에 있던 물은 조금밖에 안 따뜻해졌어요. 그래프가 '—' 자 모양이예요.

유아 4 : 맞아. 조리기 속 온도계 빨간 줄이 올라가요.

유아 5 : 컵도 따뜻해요.

유아 6 : 조리기를 쳐다보면 눈이 부셔요. 태양 때문에 은색이 더 뜨거워졌어요.

교사 : 우리가 실험한 것처럼 사람들이 태양의 힘을 모아 생활 속에서 어떻게 사용하고 있는지 한번 살펴볼까?

유아 : 네!

실험결과 조리기 속 컵의 온도가 더 높이 변했다는 사실을 발견한 유아들은 조리기의 기능과 태양의 힘에 대해 다시 한번 깨닫게 되었다. 마지막으로 유아들과 함께 태양의 힘이 우리 생활에 사용되고 있는 예(태양열 온수기, 태양열 주택, 태양열 라디오, 태양열 자전거, 태양열 가로등, 태양열 전지 등)에 대한 사진을 함께 살펴보았다.

5) 태양의 힘으로 움직이는 자동차 만들기

실험도구 탐색하기

실험도구	유아용 태양열 자동차 만들기 세트, 태양열판

가뭄 실험이 태양이 우리에게 악영향을 끼치는 모습을 살펴보는 실험이었다면, 태양열 자동차를 만들어 보는 활동은 태양의 힘을 이용하여 우리의 생활에 활용할 수 있는 방법이 무엇이 있는지에 대해 알아볼 수 있는 실험이었다.

교사 : 태양의 힘을 이용해서 우리 생활을 편리하게 할 수 있는 것이 무엇이 있을까?

유아 1 : 앞마당에 있는 등이요. 전에 전기선도 없는데 등이 어떻게 불이 들어올 수 있냐고 물어보니까 선생님이 낮 동안 태양의 힘을 받으면 밤에 불을 밝힌다고 했잖아요.

유아 2 : 어떤 집은 태양의 힘을 모아 놨다가 집을 따뜻하게 한 대요. 그런 집에는 태양의 힘을 모을 수 있는 판들이 많이 붙어 있대요.

교사 : 너희들이 잘 알고 있구나. 태양은 우리에게 빛과 열을 제공해 줘. 사람들은 이러한 태양의 빛과 열을 모아 에너지로 쓸 수 있는 것들을 만들어 사용하고 있단다. 오늘 선생님도 이런 태양의 힘을 모을 수 있는 태양열 자동차를 준비해 왔어. 우리 어떤 것인지 한번 살펴볼까?

발견실험 내용

태양열 자동차의 재료를 살펴본 유아들은 태양열 전지에 대해 관심을 보였다. 태양의 힘을 모을 수 있는 판(전지)을 보며 유아들은 이 판 때문에 자동차가 움직일 수 있다는 사실에 놀라움을 표현하였다. 태양열 자동차를 조립하고 직접 태양의 힘을 모아 움직임을 실험해 보며 유아들은 자동차도 움직일 수 있는 태양의 힘을 느낄 수 있었으며, 이러

한 전지를 만들어 낸 과학자가 정말 훌륭한 것 같다며 자신들도 이러한 훌륭한 도구를 만들어내는 과학자가 되고 싶다는 꿈을 키워보는 시간을 가져볼 수 있었다.

발견실험 결과

태양열 자동차 만들기 실험은 태양열 조리기를 활용한 태양열 모으기 실험과 같이 태양의 힘이 우리 생활에 어떻게 사용되어지는지 알아보는 실험이었다. 유아들은 힘을 모아 자동차를 조립해가는 과정에서 햇빛을 흡수하는 열판이 태양열 조리기에서 보았던 은색 날개와 같은 종류의 물체라는 사실을 발견했다. 이 실험을 통해 유아들은 태양의 힘을 모으는 방법에 대해 관심을 가지게 되었고 태양의 힘이 거대한 에너지원이 될 수 있다는 사실을 알게 되었다. 빛과 열을 흡수해 자동차가 움직이는 것을 발견한 유아들은 태양의 힘이 가지고 있는 무한한 가능성을 함께 느낄 수 있었다.

4. '태양의 힘' 에 대한 발명의 과정

태양 로켓은 태양을 여행할 수 있는 우주선으로 유아들이 태양의 힘과 관련된 다양한 실험을 마치고 실제 태양에 가까이 가고 싶다는 생각에서 만들어진 발명품이다. 유아들은 태양에 가까이 가기 위해서는 태양의 열기를 버티기 위한 우주선이 있어야 하고 우주인에게도 특별한 장치가 필요하다고 생각했다. 이 모든 장비들은 태양의 뜨거운 열기를 이겨내야 한다는 생각에서 비롯되었고 발명품의 각 부분에는 이러한 유아들의 생각이 담겨있다.

발명품 계획하기

태양을 향해 가는 로켓을 함께 만들기로 한 유아들은 먼저 각자 만들고 싶은 우주선의 모습을 그려 보고 이름을 지어 보기로 했다. 그리고 완성된 설계도 중에서 투표를 통해 우리가 만들고자 하는 로켓의 모양과 이름을 정했다. 구체적인 로켓의 모양과 이름이 정해졌고 유아들의 발명품 이름은 '태양 로켓' 으로 결정되었다. 이어서 유아들은 재활용품으로 로켓의 미니 모형을 각자 만들고 발표하면서 최종적으로 함께 완성할 로켓의 각 부분과 우주인에게 필요한 실험도구에 대해 생각해 보았다.

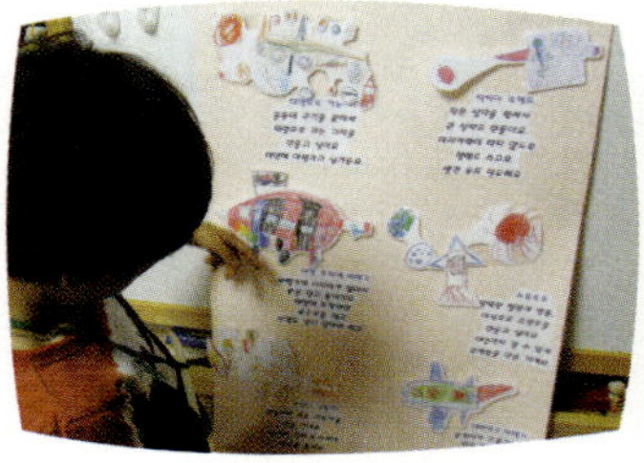

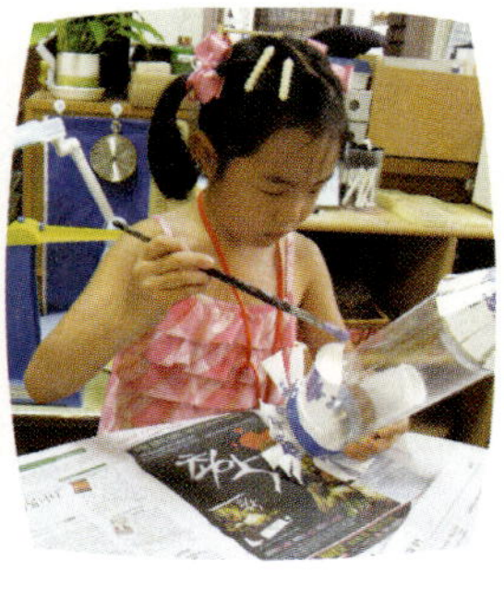

교사 : 태양 로켓을 만들려면 무엇이 필요할까?

유아 1 : 우산이 있어야 해요. 로켓은 이렇게 머리가 둥글게 생겼어요.

유아 2 : 우산에 선스프레이를 뿌리면 안 탈 거예요.

유아 : 선글라스도 가져가요. / 아이스크림도 필요해요. / 작은 냉장고도 가져가요.

유아 4 : 태양에 뜨겁지 않게 우주복도 필요해요.

교사 : 무엇으로 우주복을 만들면 좋겠니?

유아 1 : 마트에서 아이스크림사면 주는 종이가 있어요. 그 종이로 만들면 되요.

유아 2 : 안 뜨겁게 하려면 옷을 시원하게 만들어요.

교사 : 맞아. 우주인의 옷은 태양에 가까이 가도 뜨겁지 않게 만들어야겠지. ○○가 말한 종이는 선생님도 본 적이 있어. 바로 그 종이 안은 시원하기 때문에 아이스크림이 덜 녹게 되는 거란다. 조금 어려운 말로 단열재라고 하는데 이것으로 옷을 만들 수 있을지 한번 살펴보자.

발명품 발명하기

유아들은 본격적으로 태양 로켓을 함께 만들기 시작했다. 이 발명품은 크게 로켓과 우주인에게 필요한 실험도구로 나누어 졌으며 유아들은 자신이 관심 있는 분야에서 열심히 발명품을 만들기 시작했다.

우주인에게 필요한 것

유아들은 먼저 단열재로 옷을 만들 수 있는지 여부를 알아보기 위해 단열재를 만져보고 가위로 잘라보았다. 준비한 단열재는 가위로 쉽게 잘리고 두께감이 있어 우주여행 시 올 수 있는 충격을 흡수하기에도 좋다는 결론을 얻었다. 그래서 본격적으로 우주복 만들기가 시작되었고 유아들은 실제로도 입을 수 있도록 친구의 몸 크기에 맞게 단열재를 재단하고 끈으로 바느질 하여 태양에 갈 때 입을 수 있는 옷과 모자가 완성되었다. 이 옷과 모자는 모두 단열재로 만들어졌고 유아들이 직접 디자인한 그림도 그려져 있다.

치수에 맞게 재단하고 바느질하기

유아들은 단열재에 친구가 누운 상태에서 선을 그은 후 같은 가위로 오렸고 두 장을 함께 묶어 옷을 완성했다. 오려진 단열재 옷 끝자락에 구멍을 뚫고 끈으로 묶는 것은 교사가 함께 했으며 유아들은 바느질의 원리를 그대로 활용하여 옷을 만들었다.

유아 1 : 팔을 이만큼 벌리면 될 것 같아.

유아 2 : 남자와 여자가 다 입을 수 있게 망토처럼 만들자.

유아 3 : 치마가 더 입기 쉬워.

유아 4 : 가위로 잘 잘라지니까 옷을 여러 벌 만들 수 있겠다.

유아 5 : 옷을 묶을 때 단단히 묶어야 해.

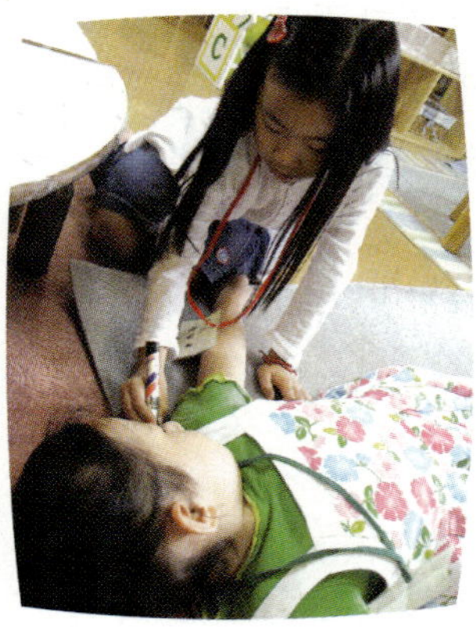

옷 디자인하기

유아 1 : 대한민국이니까 태극기가 있어야 해.

유아 2 : 난 내가 좋아하는 토끼를 그릴래.

유아 3 : 창문이랑 시원한 아이스크림도 그려주면 우주인이 좋아할 것 같아.

유아 4 : 모자는 연두색으로 칠해 주고 싶어.

유아들은 완성된 모자와 옷을 보며 흐뭇해했으며 태양을 여행할 우주인에게 하고 싶은 말을 전했다.

유아 1 : 태양한테 선글라스를 씌워주고 작은 태양을 가져와요. 추운 사람들한테 작은 태양을 보여 주면 좋아할 거예요.
유아 2 : 많이 더우면 얼른 모자를 쓰세요.
유아 3 : 선크림을 자주 발라야 타지 않을 거예요.
유아 4 : 배가 고프면 로켓 안에 있는 음식을 꼭 먹어야 해요.

태양 로켓

태양 로켓의 주 골격은 철로 된 미니 걸이대를 사용했는데 서로 연결하기 쉽고 가벼워 유아들이 직접 들어 갈 수 있는 크기의 로켓을 만드는데 매우 유용하였다.

로켓 골격 만들기

철로 된 미니 걸이대로 로켓의 기본 골격을 만들어 본 유아들은 그 속에 단열재를 넣어 붙였다. 단열재에는 우리나라를 상징하는 태극기와 매직으로 꾸민 그림들이 자유롭게 그려졌으며 로켓의 머리 부분은 실제 로켓 모양처럼 끝을 볼록 튀어 나오도록 만들기 위해 우산을 활용했다.

교사 : 로켓의 몸통이 완성되었는데 로켓의 윗 부분은 무엇으로 만들면 좋을까?
유아 1 : 벽돌블록으로 만들면 좋을 것 같아요.
유아 2 : 안돼, 벽돌블록은 하늘에 올라가자마자 떨어져 버릴 거야.
유아 3 : 곰돌이 인형을 붙이자.
유아 2 : 곰돌이는 털이 있어서 안돼.
유아 4 : 로켓은 끝이 뾰족해야 해. 텔레비전에서 보았어.
유아 5 : 맞아. 책에서 읽었는데 비행기도 머리가 이렇게 생겼잖아.
유아 1 : 그럼 우산은 어때?

유아 2 : 그래. 우산으로 만들자. 우산을 씌우면 되잖아.

유아 1 : 우산이 로켓의 머리가 되니까 햇빛에 타지 않게 만들어야 해.

유아 3 : 그럼 선크림을 발라주자.

유아 4 : 나는 선스프레이를 뿌려서 시원하게 만들어 줄래.

유아들은 우산에 선크림과 선스프레이를 발라주면 로켓이 강한 자외선의 영향을 피할 수 있다고 생각하였다. 우산을 철판의 윗부분에 붙임으로써 태양 로켓의 기본 골격이 완성되었다.

로켓의 내부 구성하기

로켓의 기본 골격을 완성한 후 유아들은 로켓 내부에 필요한 것들을 이야기 나누었다.

교사 : 로켓 안에는 무엇이 필요하니?

유아 1 : 우주인이 먹을 음식이요.

유아 2 : 선캡이랑 눈을 보호하기 위한 선글라스도 필요해요.

유아 3 : 시원한 물이 있어야 해요.

유아 4 : 미니 냉장고가 있으면 좋을 것 같아요.

유아 5 : 망원경이랑 아이스크림도 준비해요.

유아 6 : 로켓 벽에 음식을 매달아 놓아서 사람들이 쉽게 음식을 먹도록 해요.

유아 7 : 우주인이 바를 선크림이랑 우산에 바를 선스프레이도 넣어 주어야 해요.

유아들의 생각대로 로켓 안쪽에 음식과 물을 준비하고 선크림과 선스프레이도 넣었다. 특히 로켓 벽면에 직접 음식물을 달아 우주인이 쉽게 먹을 수 있도록 했으며 우주인이 사용할 물품들 역시 한 쪽에 차분히 정리하여 태양 로켓이 완성되었다.

완성된 태양 로켓과 우주복

5. '태양의 힘'에 대한 전시회 및 평가

발명품을 완성한 뒤 각 조별로 발명품을 소개하는 시간을 가졌다. 유아들은 자신들이 태양의 힘에 대해 실험을 해보고 예측, 토의하는 과정에서 알아낸 것들에 대해 이야기 나누었다. 또한 자신들이 왜 태양으로 가는 로켓을 만들었는지에 대해서도 친구들에게 소개하였다. 자신들의 아이디어가 담긴 발명품을 소개하는 시간은 발명품에 대한 애착을 갖게 하였으며, 서로의 생각을 공유하고 격려하는 가운데 유아들의 성취감을 느낄 수 있게 해 주었다. 태양의 힘에 대해 궁금증을 가지고 발견과 실험을 통해 유아들이 만든 자신들만의 발명품은 유아들이 과학적 탐구능력을 기를 수 있는 좋은 계기가 되었다.

교육계획안

활동명		가뭄실험
목표		• 가뭄에 대해 알아보고 태양의 힘의 특성을 알 수 있다.
준비물		점토, 여러 가지 자연물, 오븐, 가뭄 관련 자료
활동방법	도입	가뭄 관련 사진을 보며 유아들과 가뭄에 대한 이야기를 나눈다. · 가뭄에 대해 들어 본 적이 있니? · 가뭄이란 무엇일까? · 가뭄은 왜 일어나는 것일까?
	전개	점토와 자연물을 이용하여 자유롭게 땅의 모습을 표현한다. · 우리가 살고 있는 땅의 모습을 점토와 자연물을 이용하여 표현해보자. · 우리가 살고 있는 땅에는 무엇이 있니? 점토와 자연물을 이용하여 자유롭게 땅의 모습을 표현한다. · 태양이 한곳을 계속 내리 쬔다면 어떻게 될까? · 태양이 내리 쬐는 것처럼 할 수 있는 방법이 무엇이 있을까? · 오븐에 우리가 구성한 땅을 넣고 구워보자. 어떻게 될까? 오븐에 구운 점토를 관찰하고 가뭄으로 인한 피해에 대해 관심을 갖는다. · 오븐에 넣었던 점토가 어떻게 되었니? · 왜 이렇게 되었을까? · 만약 태양이 계속 떠 있다면 우리는 어떻게 될까? 가뭄이 들었을 때 이를 극복할 수 있는 방법에 대해 이야기 나눈다. · 만약 가뭄이 들었다면 우리는 어떻게 해야 할까? · 가뭄을 이길 수 있는 방법을 생각해 보자.

<table>
<tr>
<td>활동방법</td>
<td>결말</td>
<td>

실험 시 유의사항

· 오븐 사용 시 교사가 함께 한다.

실험결과 기록 방법

실험 전 · 후 비교하기

· 실험 전 : 내가 만든 땅의 모습을 그림으로 그리거나 사진으로 찍기,
오븐에서 가열한 후의 땅의 모습 예상하기

· 실험 후 : 오븐에서 가열한 후의 땅의 모습을 그림으로 그리거나 사진으로 찍어보기

<table>
<tr><td> </td><td> </td><td> </td></tr>
<tr><td>실험 전의 모습</td><td>실험 후 모습 예측하기</td><td>실험 후</td></tr>
</table>

</td>
</tr>
</table>

<table>
<tr><td colspan="2">활동명</td><td>빛의 투과 실험</td></tr>
<tr><td colspan="2">목표</td><td>• 감광지의 변화를 통해 햇빛의 특성을 알 수 있다.
• 빛의 투과에 관심을 갖는다.</td></tr>
<tr><td colspan="2">준비물</td><td>감광지, 투명 비닐, 필름, 네임펜(검정), 여러 가지 자연물, 숫자, 물, 집게</td></tr>
<tr><td rowspan="2">활동방법</td><td>도입</td><td>태양과 햇빛에 관한 경험을 나누고 태양의 대표적 특성에 대해 알아본다.
· 낮은 왜 밝을까?
· 햇빛은 우리 생활 속에서 어떻게 사용될까?</td></tr>
<tr><td>전개</td><td>감광지 변화 실험을 통해 빛의 투과 과정을 살펴본다.
· 감광지 위에 사물을 올려놓고 햇빛을 쬐면 어떻게 될까?(예측하기)
· OHP 필름에 글씨를 써서 비추어 보자.
· 감광지가 어떻게 변했니?
· 왜 색의 변화가 일어났을까?
· 감광지를 살펴보자. 무엇이 생겼니?
· 실험 전에 예측했던 모습과 실험 결과가 어떻게 다르니?

실험방법

1. 투명한 OHP 필름에 네임펜으로 그림이나 글씨를 쓴다.
2. OHP필름과 여러 가지 사물들을 감광지 위에 놓고 햇빛에 비춘다.
3. 감광지의 색이 흐려질 때까지 기다린다.(2분가량 소요)
4. 감광지의 색이 흐려지면 필름을 없애고 감광지를 물에 씻는다.
5. 물에 씻은 종이를 그늘에서 말린다.
6. 감광지의 변화를 관찰한다.</td></tr>
</table>

<table>
<tr><td rowspan="2">활동방법</td><td>전개</td><td>

햇빛으로 그림 그리기

투과지가 어떻게 변할까요?	변화된 투과지 붙이기
예측하기	실험하기

</td></tr>
<tr><td>결말</td><td>

감광지의 변화를 관찰하고 기록한다.

· 감광지의 색이 왜 변했을까?

태양이 가진 빛의 특성을 이해하고 다양한 시도를 해 본다.

· 다른 색 글씨에도 감광지의 색이 변할까?

· 빛이 통과하려면 무엇이 필요할까?

· 빛으로 무엇을 할 수 있을까?

</td></tr>
</table>

<table>
<tr><td colspan="2">활동명</td><td>생활 속 자외선 측정하기</td></tr>
<tr><td colspan="2">목표</td><td>• 자외선이 우리 생활에 미치는 영향에 대해 알 수 있다.
• 자외선을 막는 방법을 찾아본다.
• 자외선과 관련된 경험을 나누고 자외선 강도를 측정해 본다.</td></tr>
<tr><td colspan="2">준비물</td><td>자외선 팔찌, 자외선 체크카드, 활동지, 카메라, 필기구, 선크림과 선캡</td></tr>
<tr><td rowspan="2">활동방법</td><td>도입</td><td>자외선에 대해 알아본다.
· 자외선은 어디에서 나오는 것일까?
· 자외선은 우리에게 어떤 영향을 미칠까?

자외선 강도를 측정하는 방법을 찾아본다.
· 자외선의 강도는 어떻게 측정할까?</td></tr>
<tr><td>전개</td><td>자외선이 강한 곳과 약한 곳을 예측해 본다.

자외선 체크카드와 자외선 팔찌를 이용하여 유치원 곳곳의 자외선 강도를 측정한다.
· 시간이 지날수록 자외선 팔찌와 자외선 체크카드가 어떻게 변했니?
· 유치원에서 자외선이 가장 강한 곳은 어디일까?
· 자외선이 약한 곳을 찾아보자.

<table>
<tr><th>자외선 강도</th><th>자외선이 강한 곳
예측하기</th><th>자외선이 약한 곳
실험하기</th></tr>
<tr><td></td><td></td><td></td></tr>
<tr><td></td><td></td><td></td></tr>
</table>
</td></tr>
</table>

<table>
<tr><td rowspan="2">활동방법</td><td rowspan="2">결말</td><td>실험결과를 기록하고 자외선이 강한 곳에 대해 이야기 나눈다.
· 왜 팔찌와 체크카드가 변했을까?
· 예측했던 것과 실험결과가 어떻게 다르니?
· 실험결과 유치원에서 자외선이 강한 곳은 어디니?
· 자외선을 막으려면 무엇이 필요할까?</td></tr>
<tr><td>

	유치원에서 자외선이 강한 곳 찾아보기		
자외선 강도	1.	2.	3.

</td></tr>
</table>

<table>
<tr><td colspan="2">활동명</td><td>태양열 모으기 실험을 해 보았어요</td></tr>
<tr><td colspan="2">목표</td><td>• 태양열에 관심을 갖는다.
• 태양열을 생활 속에서 활용할 수 있다.</td></tr>
<tr><td colspan="2">준비물</td><td>태양열 조리기, 장갑, 컵, 온도계, 햇빛, 물, 시계</td></tr>
<tr><td rowspan="2">활동방법</td><td>도입</td><td>'해님과 바람' 동화를 듣고 태양의 특성에 대해 이야기 나눈다.

태양열을 우리 생활에 활용하는 방법에 대해 알아본다.
· 태양열은 우리 생활에 어떻게 이용될까?
· 태양열로 무엇을 할 수 있을까?
· 태양열은 어떻게 모을 수 있을까?</td></tr>
<tr><td>전개</td><td>유아들이 찾은 태양열의 특징을 알아본다.

태양열 조리기를 탐색하고 사용방법을 익힌다.

태양열 조리기 속 컵과 일반 컵의 온도 변화를 비교하고 기록한다.
· 어떻게 태양열을 모을까?
· 태양열이 잘 모이는 곳은 어디일까? (예측하기)
· 시간에 따른 물의 온도 변화를 살펴보자. (실험하기)
· 두 컵의 물의 온도 변화를 기록해 보자.

실험방법

1. 햇빛이 잘 드는 곳에 태양열 조리기를 놓는다.
2. 두 개의 컵에 물을 담아 한 개는 조리기 중앙에, 나머지 한 개는 조리기 옆에 놓는다.
3. 시간이 흐름에 따라 물의 온도를 재어 본다.
4. 태양열 조리기 역할에 대해 알아본다. 두 컵의 물의 온도 변화를 기록해 보자.</td></tr>
</table>

활동 방법	전개	태양열 모으기 실험하기 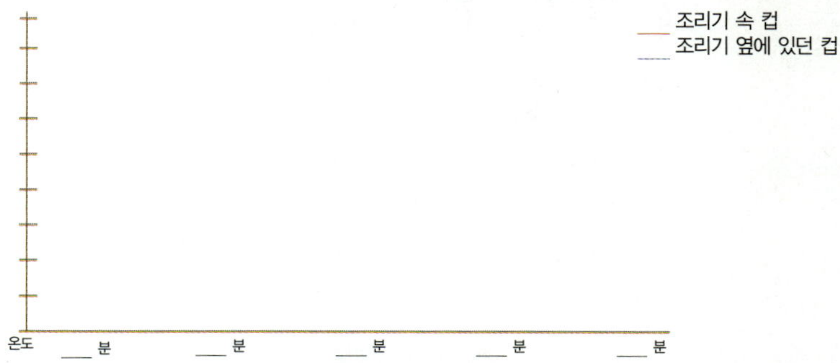
	결말	태양열 조리기 속에 넣은 컵과 조리기 옆에 둔 컵의 온도를 비교한다. 그리고 실험 결과에 대한 이야기를 나눈다. · 시간이 지나면서 물의 온도가 어떻게 변했니? · 태양열 조리기를 만져보니 어떠니? · 어떤 컵의 물의 온도가 더 올라갔니? · 조리기 속 컵은 왜 온도가 더 높게 올라 갔을까?

활동명		태양의 힘으로 움직이는 자동차 만들기
목표		• 태양열을 이용하여 자동차를 움직여 본다. • 태양이 우리 생활에 어떠한 도움을 주는지 알 수 있다.
준비물		태양열 자동차 만들기 세트, 태양 (흐릴 경우 스탠드)
활동방법	도입	유아들과 함께 자동차를 움직이는 방법에 대해 생각해 본다. · 자동차는 어떻게 움직일까? · 기름을 넣는 방법 외에도 자동차를 움직이는 여러 가지 방법이 있어. 자동차를 움직일 수 있는 방법에 대해 생각해보자. (기름, 전지, 수소, 태양열 등 다양한 방법으로 움직이는 자동차 동영상을 보며 자동차를 움직이는 에너지원에 대해 생각해 본다.) · 태양의 힘을 이용해서 자동차를 움직일 수 있을까?
	전개	태양열 자동차에 대해 소개하고 재료 및 만드는 방법에 대해 알아본다. · 태양열로 움직이는 자동차를 만들 수 있어. · (태양열 자동차의 재료를 살펴보며) 어떤 방법으로 만들면 좋을까? 만드는 방법을 살펴보자. 재료들을 조립하여 태양열 자동차를 완성한다. · 어떤 모양의 자동차가 만들어졌니? · 어떻게 자동차가 움직일까?
	결말	태양열 자동차를 하루 동안 충전 한 후 직접 조작해 본다. · 자동차가 어떻게 되었니? · 자동차가 어떻게 움직일 수 있는 것일까? · 자동차 조립 재료를 이용하여 다른 것을 만들 수는 없을까? 생활 속에서 태양의 힘을 이용하는 다른 예(태양열 주택, 태양열 전지, 태양열 자전거, 태양열 라디오 등)를 살펴보고 태양의 힘이 우리 생활에 어떻게 사용되는지 알아본다.

'태양의 힘' 의 이해를 돕기 위한 tip

태 양

태양은 지구에 가장 가깝고, 스스로 열과 빛을 내는 항성의 하나이다. 태양계의 중심에 있으며 자전을 한다. 높은 온도의 기체로 둘러싸인 커다란 구이며, 지구는 태양의 둘레를 공전하는 9개의 행성 중의 하나로 지구에 사는 모든 생물은 태양의 열과 빛에너지에 의존하여 살고 있다. 태양은 우리에게 따뜻한 빛을 주어 사람은 물론이고 동 · 식물에게 매우 중요하다. 우리가 실제 태양을 볼 때에는 작은 동전 만하게 보이는데 실제는 지구 지름의 109배 정도로 매우 크다. 그 이유는 지구로부터 멀리 떨어져 있기 때문인데, 태양과 지구는 1억 5000만㎞나 떨어져 있다. 만약 빛과 같은 속도(300,000km/초)로 태양까지 간다면 8분 20초가 걸리고, 소리와 같은 속도(340km/초)로 간다면 14년 8개월, 로켓(11.2km/초)을 타고 가면 5개월, 새마을호 기차(41.7km/초)를 타고 가면 114년 3개월, 걸어서(1.1km/초) 태양까지 간다면 4270년을 가야 한다.

태양의 특징을 살펴보면 다음과 같다.

광 구

맨눈으로 보이는 태양의 표면을 광구라고 하며 실제로는 기체로 된 약 400km 두께의 층으로 이루어져 있다. 망원경으로 보면 쌀알을 깔아 놓은 것처럼 보이며 이들의 변동으로 미루어 내부에서 솟아오르는 열의 흐름을 알 수 있다.

흑 점

망원경으로 광구를 관찰하면 검은 점이 때때로 나타나는 것을 볼 수 있는데, 그 크기는 500km~10만km에 이른다. 흑점이 검게 보이는 이유는 주변의 광구면보다 상대적으로 온도가 낮아서 어둡게 보이는 현상이다. 비록 어둡게 보이지만 실제 온도는 4000~4500K(켈빈온도)로 매우 높다. 다만 주변의 광구 온도가 약 5700K로 더 높을 뿐이다. 또 같은 흑점을 매일 관찰하면 동쪽에서 서쪽으로 이동하고 있음을 알 수 있는데, 이는 표면이 지구처럼 스스로 돌고 있음을 알려준다.

코로나

태양의 표면에서 2000℃에 이르는 온도는 홍염 밑바닥에서 4500℃ 정도로 내려갔다가 다시 높아져서 약 100만℃에 이르는 높은 대기층인 코로나에 이어진다. 이와 같은 코로나는 태양으로부터 튀어나오는 작은 알갱이에 태양광선이 반사한 것으로 산소나 질소로 이루어져 있다.

채층

광구 바로 바깥쪽에 자리 잡은 두께 약 5000km의 얇은 층으로, 수소와 헬륨, 칼슘 등으로 이루어져 있다. 채층은 개시일식 때 붉은색으로 빛나지만, 보통 때는 맨눈으로 볼 수 없다. 채층의 붉은색은 태양의 주성분인 수소에 의한 현상이며, 태양의 가장자리로부터 수만~수십만km의 높이로 오르내리는 커다란 불꽃을 홍염이라고 한다.

태양과 우리의 생활

태양이 없어진다면 어떻게 될까? 점점 온도가 내려가고 얼음의 세계, 어둠의 세계가 될 것이다. 반대로 태양이 지금보다 더 뜨거워지면 어떻게 될까? 아마 지구상의 모든 생물이 타 죽게 될 것이다. 태양의 빛은 식물이 광합성을 하는데 필요하고, 열은 생물이 자라는 데 알맞은 온도를 유지해준다. 또, 비가 오고 바람이 부는 등의 일기변화나 바닷물의 흐름도 모두가 태양의 영향 때문이다. 또한 석탄과 석유는 태양의 빛을 이용하여 자랐던 옛날 생물이 오랜 세월에 걸쳐 변한 것이다. 석탄을 이용하는 화력발전소의 전기도 모두 태양에너지에서 온 것이라 할 수 있다. 최근에는 태양 빛을 직접 전기로 바꾸는 태양 전지를 여러 분야에 이용하고 있다. 즉, 태양은 주요 에너지 공급원으로 인류가 이용하는 에너지의 대부분은 태양에 의존한다. 태양은 우리 지구의 생물들에게 많은 혜택을 주고 있는 것이다.

그러나 태양이 우리에게 이로운 점만을 선사하지는 않는다. 요즘 들어 크게 문제화되고 있는 지구온난화현상은 이산화탄소와 같은 온실기체가 대기 중으로 배출됨으로써 일어나는 온실 효과로 인류를 위협하고 있다.

온실효과는 온실이 열을 가둠으로써 보온을 하는 것을 말하듯 태양에서 방출된 빛 에너지는 지구의 대기층을 통과하면서, 일부분은 대기에서 반사되어 외계로 방출되거나, 대기에 직접 흡수된다. 그러나 약 50% 정도의 햇빛만 지표에 도달하게 되는데, 이때 지표에 흡수된 빛 에너지는 열에너지나 파장이 긴 적외선으로 바뀌어 다시 바깥으로 방출하게 된다는 것이다. 방출되는 적외선의 반 정도는 대기를 뚫고 외계로 빠져 나가지만, 나머지는 구름이나 수증기, 이산화탄소 같은 온실 효과 기체에 의해 흡수되며, 온실효과 기체들은 이것을 다시 지표로 되돌려 보낸다. 이와 같은 작용을 반복하면서 지구를 덥게 하는 것을 온실 효과라 부른다. 하지만 이렇게 온실효과에 대해 구체적으로 지구에 자연재해가 올 수 있다는 점이 더욱 인간을 당혹스럽게 만들고 있다.

기후학적 변화로 지구온난화가 진행됨에 따라 지구 전역에 걸쳐 강수량의 변화가 일어나며 해면 기압과 토양 수분의 변화가 일어난다. 이로 인해 각종 기상재해가 일어날 가능성이 커진다. 최근 유럽에서 발생한 대홍수로 라인강 유역이 범람하고 강 유역에 인접한 국가에서 수많은 이재민이 발생한 것과, 중동과 미국에서의 이상 폭설, 폭우로 인한 기상재해 등은 지구온난화와 관련 있는 기상이변 현상으로 여겨지고 있다는 점을 눈 여겨 보아야 한다.

또한 해수면의 상승을 예로 들고 있는 일부 과학자들의 예측으로는 현재와 같은 추세로 자구온난화가 진행 된다면, 2100년에 이르러 해수면이 50cm에서 2m정도까지 상승할 것이라고 주장하고 있다. 그 이유는 지구온난화로 인해 남극과 북극의 빙산이 녹게 되며, 평균 해수면이 1m 올라갈 경우 침수되는 육지 면적은 전체 육지 면적의 약 3% 정도라는 것이다. 세계 주요 대도시와 주요 경작지 대부분의 해안에 위치해 있고, 인류의 약 1/3이 해안 지역에 거주하는 것을 감안하면 그 재앙은 엄청난 것으로, 문제의 심각성을 더해 주고 있다.

지구온난화의 영향으로 농업 생태계의 변화를 꼽는데, 식물은 종에 따라 생육에 알맞은 온도를 갖고 있어 온도가 맞지 않을 경우 생육이 불가능해지므로. 기후 변화에 따라 재배 작물의 종류와 생산량이 크게 변할 것이라 예측된다. 농업 생물학자의 견해에 의하면 기후변화는 농업 생태계에 매우 복잡한 변화를 가져오기 때문에 부정적 영향이 더 크다고 주장하고 있다. 토양 비옥도의 저하 및 병충해 증대와 지구 온난화는 생물 종 다양성 보전 문제와 함께 국제 사회에서 그 대응책이 활발히 논의되는 분야로 대두되고 있다.

또한, 사막화 현상이 지적되고 있는데 현재 지구 육지의 약 1/3이 건조 또는 반 건조 지역으로 사막화가 문제로 되고 있는 곳은 사막 주변의 관목이 드문드문 자라는 초원이 펼쳐져 있는 지역이다. 사막화란 그 토지가 가지는 생물 생산능력의 감퇴 또는 중단을 의미하며 사막화는 크게 두 가지 요인으로 설명할 수 있다. 하나는 인위적 식생 파괴에 의해 일어나고 다른 하나는 기후적 요인이다. 기후적 요인에 의한 사막화는, 지구온난화현상으로 인해 방하가 녹아 해수변이 상승함으로써 기후대가 이동하여 발생하는 것으로 알려져 있다.

이처럼 태양은 우리의 일차적인 에너지원이며, 생명을 유지하고 삶을 이어나가게 해주는 없어서는 안 될 소중한 존재이나 이를 잘못 이용하게 되면 큰 재앙의 원인이 되기도 한다. 따라서 우리는 태양의 힘에 대해 이해하고 이로 인해 생길 수 있는 자연재해에 대해 알아보고 대비방법을 알아봄으로써 이에 대한 준비를 할 필요가 있다.

참고문헌

고영미 · 남옥자 · 조부경(2007). **예비교사와 현직교사를 위한 유아과학교육**. 양서원.

교육부(1995). **문학적 접근에 의한 유아과학교육**. 대한교과서주식회사.

교육부(1999). **유치원 교육과정 해설**. 대한교과서주식회사.

교육인적자원부(2003). **놀이를 통한 유아과학교육의 활동자료**. 서울멀티넷.

구희정(1992). 과학교육에 대한 유치원 교사의 교육 목표 및 교수 방법 인식에 관한 연구. 중앙대학교 석사학위논문.

김경미 · 김현주 · 송연숙(2002). **사고과정을 중심으로 한 현장중심유아과학교육**. 창지사.

김경숙(2002). 구성주의에 근거한 문제 중심학습이 문제 해결력과 사회성에 미치는 효과. 대구교육학교 석사학위논문.

김명애(2002). 구성주의 접근에 기초한 탐구중심 과학교육의 효과. 서울여자대학교 박사학위논문.

김옥경(2007). **유아과학교육**. 태영출판사.

김온기(2000). 과학 활동을 통한 유아의 창의적 사고력 증진 프로그램 개발 연구. 연세대학교 박사학위논문.

김은정 · 신은수 · 안경숙 · 안부금(2006). **생활과 환경중심의 영유아과학교육**. 양서원.

김정준 · 이경우 · 장혜순 · 조부경(1998). **유아과학교육의 문학적 접근**. 창지사.

나명숙(2002). 구성주의 이론에 기초한 물놀이 활동에서 나타난 유아의 과학적 개념과 태도의 변화. 대구대학교 석사학위논문.

류진희(1985). 유아 과학교육의 통합적 접근방법에 관한 연구 : SCIS 프로그램을 중심으로 이화여자대학교 석사학위논문.

문미옥 · 신현옥 · 김영숙 · 류칠선(2000). **유아를 위한 과학교육**. 교문사.

박경자(2000). 유아 과학교육의 목표 및 교수방법에 대한 유아교사의 인식. 건국대학교 석사학위논문.

박수억 · 이덕기(2006). **미래 에너지 시장 트렌드: 태양광, 수소, 연료전지, 풍력**. 에경M&B.

박영란(1999). 구성주의 과학활동이 유아의 과학적 문제해결력 및 과학적 태도에 미치는 영향. 중앙대학교 석사학위논문.

박홍자(2001). **유아 수 · 과학 교육**. 동문사.

박홍자, 이순영(2006). **영유아과학교육**. 태영출판사.

유경숙(1999). 구성주의에 기초한 밀가루 점토 활동 구성방식에 따른 유아의 과학적 개념, 과정기술 및 태도의 차이분석. 중앙대학교 석사학위논문.

윤애희 · 김온기 · 이혜경(2002). **사고과정을 중심으로 한 유아 수 · 과학 교육**. 창지사.

이경우 · 조부경 · 김정준(1999). **구성주의 이론에 기초한 유아과학교육**. 양서원.

이원영 · 김덕건(1991). **활동중심의 유아과학교육**. 양서원.

이은화 외(2001). **유아교육개론(개정판)**. 양서원.
이장희(2001). 구성중의 학습경험이 유아의 문제 해결과 창의적 표상에 미치는 영향. 동국대학교 석사학위논문.
이태교 외 (1999). **재미있는 물 이야기**. 현암사.
이필렬(2004). **다시 태양의 시대로: 재생가능 에너지는 인류의 미래다**. 양문.
임수현(2006). **게이 뤼삭이 들려주는 물 이야기**. (주)자음과 모음.
장순근(2007). **땅 속에서 과학이 숨쉰다**. 가람기획.
장혜순 외(2005). **물리적 지식활동을 통한 유아과학교육**. 양서원.
장혜순 · 정은정 · 윤신숙(2005). **유아과학교육**. 양서원.
전경원(1999). **창의성을 중심으로 한 유아과학교육**. 학문사.
정연희(2003). **요리활동을 통한 유아과학교육의 실제**. 정민사.
조형숙(1991). 과제 흥미도와 보상조건이 유아의 과제 지속 시간에 미치는 영향. 중앙대학교 석사학위논문.
조혜숙(2000). **유아NIE의 이론과 실제**. 양서원.
홍기랑(2000). 과학적 접근방법에 따른 유아의 창의성 및 과학적 문제해결능력 차이에 관한 연구. 중앙대학교 교육대학원.
Donald Hyndman, David Hyndman 저 이동우 외 역(2006). 자연재해와 재난. 시그마프레스.
Donald Hyndman, David Hyndman 저 이동우 외 역(2007). 자연재해와 방재. 시그마프레스.
Gelman, S.A., & Wellman, H.M(1991). Insides and essences: Early understandings of the nonobvious. *Cognition*, *38*, 213-244.
Harlan, J.D., & Rikvinm M.S.(1996). *Science experience for the early childhood years: An integrated approach*. NJ: Prentice Hall.
Holt, B.G.(1997). *Science with young children*. NAEYC.
Howe, A.C.(1993). Science in early childhood education. In B. Spoddek (Ed.), *Handbook of research on the education of young children*(pp.225-235). Newyork:Macmillan
Kamii, C. & Kamii, M.(1993). *Physical Knowledge in preschool education: Implication of Piaget' theory*. NY: Teachers College Press.
Kats, L.G. & Chard, S.C.(2000). *Engaging Children's minds: The project approach*(2nd ed.). Norwood, NJ: Ablex Publishing Corporation.
Maryann Kohl, Jean Potter(2005). **미술활동을 통한 유아과학교육**. 학지사.
Neil McBride, Iain Gilmour 편저, 박수인 · 장헌영 공역(2008). **태양계여행**. 교육과학사.
Rakow, S.J. & Bell, M.J.(1998). *Science young and children: The massage from the national science education standards, 74(3)*, 164-167.
Sternberg, R.J., & Lubart, T.I.(1999). The concept of creativity: Prospects and paradigms. In R.J. Sternberg (Ed.), *Handbook of creativity*. Cambridge University Press.
Stone, J.S., & K.(1997). The affective side of science instruction. *childhood education, 74*(2), 102-104.
Thomson, P.W.(1998). "인간학습과정과 구성주의", 구성주의와 교육. 조연주, 조미헌, 권형규(공역). 121-134. 학지사.

찾아보기

저자소개

최석란 서울여자대학교 사회과학대학 아동학 전공 교수

이현옥 전) 서울여자대학교 부속유치원 원감
서울여자대학교 강사

손지현 전) 서울여자대학교 부속유치원 교사

손여민 전) 서울여자대학교 부속유치원 교사

정은주 서울여자대학교 부속유치원 교사

남상지 서울여자대학교 부속유치원 교사

김소리 전) 서울여자대학교 부속유치원 교사

자연의 힘 프로젝트를 통한

유아과학활동

초판인쇄	2010년 1월 25일
초판발행	2010년 1월 30일
지은이	최석란 외
펴낸이	류 제 동
펴낸곳	(주)교 문 사
책임편집	김선형
표지디자인	반미현
본문디자인	아트 미디어
마케팅	김재광 · 정용섭 · 송기윤
출력	아트 미디어
인쇄	동화인쇄
제본	대영제책
우편번호	413-756
주소	경기도 파주시 교하읍 문발리 출판문화정보산업단지 536-2
전화	(031)955-6111~4 / FAX (031)955-0955
등록	1960. 10. 28. 제406-2006-000035호
홈페이지	www.kyomunsa.co.kr
이메일	webmaster@kyomunsa.co.kr
ISBN	978-89-363-1002-8 (93370)

값 16,000원